돈과 운을 끌어당기는
좋은 심리습관

돈과 운을
끌어당기는
좋은 심리습관

**더 부유하고 더 행복하게
인생을 사는 법**

류쉬안 지음 | 원녕경 옮김

정민
미디어

내가 이 책을 써야만 했던 이유

운명은 원래 불공평하다. 운명이 공평했다면 내가 이 책을 집필할 필요도 없었을 것이다.

운명이란 종종 참 얄궂다. 페이스북 창립 당시, 청년 화가 데이비드 최(David Choe)는 새 사무실 벽에 그림을 그려달라는 부탁을 받았다. 남들이 뭐라고 하든 언제나 '마이웨이'였던 그는 사무실 벽을 그래피티 아트로 가득 채웠고, 당시 작업을 부탁한 대학생 창업자들도 그의 작품을 썩 마음에 들어 했다.

당시 마크 저커버그(Mark Zuckerberg)는 데이비드 최에게 물었다. "돈 대신 주식을 드리는 건 어떨까요?"

이에 그는 "상관없어요!"라고 답했다. 그리고 이로부터 7년 후 페이스북이 상장하면서 데이비드 최의 몸값은 하루아침에 2,200억이 되었다.

때때로 행운은 새옹지마(塞翁之馬)와 같다. 미국의 영화배우이자 감독인 멜 깁슨(Mel Gibson)은 소싯적 연기할 기회를 얻지 못해 닥치는 대로 오디션을 보며 엑스트라 자리도 마다하지 않았다. 그러던 어느 날, 오디션을 하루 앞두고 술집에서 싸움이 붙은 그는 턱과 코가 부러져 얼굴이 퉁퉁 부어오르고 말았다.

이튿날 그는 오디션이고 나발이고 친구나 데려다주자며 오디션장으로 향했다. 거의 포기하다시피 한 그, 하지만 뜻밖에도 현장에서 감독의 눈에 띄어 2차 오디션에 참가하는 행운을 얻었다. 당시 감독은 멜 깁슨을 보고 이렇게 말했다고 한다.

"와우! 꼭 멸망한 세상에서 온 사람 같군!"

마침 오디션을 진행한 그 영화가 바로 멸망한 세상을 배경으로 하고 있었고, 오디션을 포기할 만큼 엉망이 된 멜 깁슨의 얼굴이 오히려 감독의 시선을 사로잡으며 그에게 기회가 된 것이다. 그렇게 완쾌한 후 다시 만난 감독은 그의 얼굴을 거의 알아보지 못했지만, 그의 터프한 매력과 연기에 깊은 감명을 받아 그를 주연으로 캐스팅했다. 그 영화가 바로 〈매드 맥스(Mad Max)〉다.

영화는 흥행 기록을 다시 쓰며 평단의 호평과 대중의 인기라는 두 마리 토끼를 동시에 잡았고, 이로써 멜 깁슨은 할리우드의 스타가 되었다.

"정말 더럽게도 운이 좋군!"이라는 말이 절로 나오는 이야기가 아닐 수 없다.

그러나 사실 이런 더럽게도 운 좋은 일들은 매일매일 일어나고 있다. 물론 여기서 말하는 '더럽게도 운 좋은 일'이란 로또 당첨처럼 온전히 확률에 기댄 행운이 아니라 '우리 삶에 지렛대가 되어줄 행운의 기회', 즉 'Lucky Breaks'를 말한다. 이러한 기회가 오면 우리의 작은 행동 하나가 어마어마한 결과를 불러온다. 눈빛 하나로 일생의 반려자와 인연을 맺기도 하고, 말 한마디로 귀인의 총애를 얻기도 하며, 불현듯 스친 영감으로 사업의 일대 발전을 이루기도 한다. 이러한 행운은 우리에게 언제든 찾아올 수 있다. 다만 우리가 이를 알지 못할 뿐이다!

그런 의미에서 나는 이 책을 통해 어떻게 하면 더 많은 행운 기회를 불러오는 내가 될 수 있을지, 또 어떻게 하면 그런 환경을 만들 수 있을지를 이야기하고자 한다.

이 책을 집필하게 된 이유는 내가 심리학을 연구하기 때문이기도 하지만 심리학이 우리에게 정말 큰 도움이 된다고 생각해서이기도 하다. 흔히 심리학은 병을 치료하기 위한 목적을 가진 학문이라는 오해를 받는다. 사실 심리학의 진정한 목적은 사람들로 하여금 자신을 좀 더 잘 이해하고 행동하도록 하여, 더 건강한 생각으로 더 즐겁고 알찬 인생을 살도록 하는 데 있다. 당신에게 문제가 있다면 심리학은 이를 바로잡을 수 있도록 도울 것이다. 당신이 이미 잘 지내고 있다면 심리학은 더 나은 삶을 만들어갈 방법을 가르쳐줄 것이다.

나는 대학원을 졸업한 후부터 출판, 음악, 교육, 광고, 미디어, 브랜드, 기획, 연출 등 여러 분야에서 활동하고 있다. 그 덕분에 나는 운 좋게도 다양한 경험을 쌓았다. 또한 어려서부터 동서양의 이중 문화 속에서 성장한 덕분에 유창한 이중언어(영어와 중국어) 구사력은 물론 다양한 시선과 가치관, 사고방식으로 문제를 관찰하는 힘을 기를 수 있었다. 그렇게 다양한 분야에 종사하며 발견한 사회현상과 직장생활 및 교육 분야에서 얻은 노하우에 과학적인 방법으로 찾은 증거를 더해 내린 결론이 바로 이 책이다.

솔직히 말해 내 아버지가 중국어권 자기계발서 분야의 베스트셀러 작가이기에 나는 작가가 될 생각이 추호도 없었고, 자기계발서를 쓸 생각은 더더욱 없었다. 굳이 아버지와 경쟁하고, 독자들에게 비교까지 당할 필요가 있나 싶었으니까. 그러나 불혹이 지난 지금은 '서당 개 삼 년이면 풍월을 읊는다'고, 나도 아버지께 교육자적 기질을 물려받은 건가 싶다. 문화·콘텐츠 시대라는 시대적 영향에 좀 더 새로운 생각을 갖게 되기도 했지만 말이다. 솔직히 이것도 '운명'이라고 할 수 있을는지는 모르겠다. 하지만 나는 내가 나누려는 것들이 나름의 가치가 있다고 믿는다. 그리고 지금의 기회를 제대로 활용하지 못한다면 너무 아깝지 않겠는가!

나는 이 책이 인생을 살아가는 데 꼭 필요한 실용서라고 생각한다. 사람의 마음을 고무시키는 것보다는 과학적 근거를 가진 심리학 개념으로 '어떻게 하면 더 많은 행운을 내 것으로 만드는 사고방식을 확립할 수 있을지'를 알아보는 데 그 목적이 있으니 말이다. 물론 이 책이 당신에게 정신적인 힘이 된다면 나도 기쁠 것이다.

마지막으로 부정적인 에너지가 확대, 재생산되어 사회적 무력감을 초래하고 있는 이때, 이 책을 통해 당신이 조금이나마 마음가짐을 달리할 수 있길 바란다. 인생이란 원래 불공평하다. 그러나 불공평한 인생에 대해 불평불만을 터뜨릴 것인가, 실질적인 변화를 위해 소매를 걷어붙일 것인가는 우리 자신의 선택에 달렸다. 명리학자들은 '운명을 알면 운수를 바꿀 수 있다'고 말하는데, 나는 '운수'의 특성을 이해하면 더 많은 행운 기회를 만들고 나아가 우리의 세상을 바꿀 수 있다고 믿는다.

당신이 더 행복하고 아름다운 인생을 살아가는 데 이 책이 실질적인 도움을 줄 수 있길 진심으로 바라며, Now let's get lucky!

행운을 불러오는 마음가짐이란?

21세기 초, 심리학자 리처드 와이즈먼(Richard Wiseman)이 BBC와 합작해 실험을 진행한 적이 있다. 영국에서 스스로를 행운아라고 생각하는 사람과 불운아라고 생각하는 사람 수백 명을 찾아 이들을 대상으로 일련의 실험을 진행한 것이다. 그 결과, 소위 행운아에게는 일반인보다 뛰어난 네 가지 심리적 특징이 있음을 발견했다.

첫째, 수시로 찾아오는 우연한 기회를 포착하고 이를 잘 활용할 줄 알았다.

둘째, 직관력이 뛰어나 늘 그 직관에 기대어 일을 처리했다.

셋째, 자신의 운과 삶이 더 나아질 것이라고 믿어 의심치 않았다.

넷째, 좌절을 겪더라도 '인간만사 새옹지마'임을 잊지 않고, 순탄치 않은 과정을 긍정적인 결과로 바꿔놓을 줄 알았다.

훗날 와이즈먼은 이 연구 결과를 토대로 《행운의 법칙(The Luck Factor)》이라는 읽기 쉬운 심리학책을 집필했다. 연구 결과와 통계 수치를 증거로 한 그의 저서는 내 연구의 시작이 되기도 했다. 말이 나온 김에 의미 있는 내 연구의 시작을 열어준 와이즈먼에게 심심한 감사와 존경의 뜻을 전하고 싶다.

《행운의 법칙》을 정독한 후에도 내게는 여전히 풀리지 않는 의문이 있었다. 와이즈먼의 결론이 매우 합리적이긴 했지만, 조금 두루뭉술한 구석이 있었기 때문이다. 운이 좋은 사람들에게 상대적으로 이 네 가지 심리적 특징이 두드러졌을지는 모르지만, 이 특징들을 가졌다고 해서 반드시 행운아라고 할 수는 없지 않은가? 그러기엔 내가 아는 예외가 너무 많았다. 어떤 이들은 기회를 잘 포착해 이리저리 동분서주했지만 결국 헛수고만 한 채 아무런 성과도 거두지 못했고, 어떤 이들은 늘 자신의 직관에 기대어 판단을 내렸지만 그 직관이 항상 보기 좋게 빗나갔다. 또 어떤 이들은 긍정적으로 모든 일을 바라보았지만 자기 자신도, 자신의 처지도 바꿔놓지 못했다. 그들의 '새옹지마'는 일종의 '정신승리'에 가까웠다.

그래서 나는 생각했다. 행운을 불러오는 마음가짐에 좀 더 정확한 좌표를 찍을 수는 없을까? 결과를 되짚어보면 행운을 불러올 만한 생활방식이나 사고방식을 찾을 수 있지 않을까?

이를 위해서는 먼저 '행운'이 무엇인지 정의를 내릴 필요가 있었고, 나는 와이즈먼의 연구에 사용된 행운의 정의를 참고해 이를 살짝 수정해보았다.

운이 좋은 사람은 삶의 거의 모든 우연과 예기치 않은 기회를 자신에게 제대로 활용한다. 그들은 남보다 손쉽게 더 많은 이익과 기회와 귀인의 도움을 얻어 모든 문제를 전화위복의 기회로 삼을 수 있을 것처럼 보이며, 실제로 작은 노력으로 뜻밖의 행운이나 의외의 수확을 얻기도 한다. 그런 까닭에 그들은 자신을 행운아라고 생각한다.

나는 로또에 당첨되거나 재난 속에서 기적적으로 생환한 예를 배제하고 다시 '행운'의 정의를 내렸다. 물론 하루아침에 돈벼락을 맞고, 죽을 고비에서 목숨을 건지는 일도 더없는 행운이라고 할 수 있다. 하지만 이는 대부분 '확률'에 의한 것이다. 나는 '마음가짐', 그중에서도 특히 자신을 바꿔 행운의 결과를 불러올 수 있는 마음가짐을 집중적으로 연구하고 싶었다.

문제는 운이 좋다는 느낌이 행복감과 마찬가지로 지극히 개인적이고 주관적인 느낌에 속한다는 데 있었다. 일반인들의 눈엔 절대 운이 좋다고 볼 수 없는 '인간 지옥'에 살면서도 자신은 여전히 행운아라고 생각하는 사람이 있는가 하면, 넘치는 부를 거머쥐고도 자신은 재수가 없다고 생각하는 사람도 있었다. 그런 까닭에 100% 주관적인 생각에만 기대어 '행운'을 논할 수도, 또 자신에 대한 당사자의 평가를 무시한 채 '행운'을 이야기할 수도 없는 노릇이었다. 이에 나는 앞서 언급한 행운의 정의를 토대로 다음 세 가지 방면의 목표를 가지고 연구를 진행했다.

❶ 자신에게 일어난 일들에 일희일비하지 않고, 자신의 운은 더 좋아질 것이라고 믿는 마음은 '긍정마인드'에 속한다. 그리고 이는 최근 심리학 분야에서 가장 활발하게 연구가 진행되고 있는 '긍정심리학(Positive Psychology)'에 속한다. 긍정마인드에는 긍정의 정도 및 생각 전환 능력, 자기 진정과 이완 능력, 인생에 대한 방향감각 등 다양한 요소가 포함되어 있는데, 이 중 어떤 긍정마인드의 특징이 소위 '행운아'들과 가장 큰 연관이 있는지 알아보자. 주관적인 느낌뿐만 아니라 실제로 자신을 변화시킬 마음가짐은 무엇인지 살펴보는 것이다.

❷ 행운의 기회를 포착하는 능력과 훌륭한 직관력을 가지려면 주변 환경에 대한 날카로운 관찰력이 필요하다. 이러한 능력에 관한 연구는 심리학 중 '마음 챙김(Mindfulness)'의 영역에 속한다. 최근 마음 챙김 연습이 인기를 끌고 있고, 특히 '명상(Meditation)'은 종교적 의미를 뛰어넘어 뇌세포를 활성화하는 데 도움 된다는 사실이 입증되었다. 그렇다면 명상을 통해 우리는 더 운 좋

은 사람으로 거듭날 수 있을까? 마음을 가다듬은 후 좀 더 손쉽게 Lucky Breaks를 알아차릴 수 있지는 않을까? 그 답을 찾아보자.

❸ 사람들은 '인간관계'를 매우 중시한다. 사람으로부터 기회가 생기며, 개인의 행운도 주변 사람들과 절대적으로 연관되어 있기 때문이다. 그렇다면 문화권이나 경제 환경 그리고 사교 대상에 상관없이 활용할 수 있는, 나아가 자신에게 더 많은 행운을 불러올 수 있는 인간관계의 관리법과 원칙에는 어떤 것들이 있을까? 네트워크 시대에 접어들면서 우리는 새로운 유형의 행운아를 여럿 접하곤 한다. 그들이 명성을 얻었든 이익을 얻었든, 그들은 과거 사회에서는 일어날 수 없던 기적을 일구었다. 어떤 형태의 행운이든 인터넷 세상의 특징을 배제하고 생각할 수 없는 시대가 된 만큼, 이를 고려 사항에 포함해 질문의 답을 알아보자.

요컨대 이 그림이 바로 우리가 이 책에서 함께 알아볼 '행운지도'다. 나는 이 책의 구성 역시 세 가지 주제로 나누었다.

PART 1은 '긍정적인 마인드를 가져라!'로, 긍정마인드와 행운의 관계를 분석해보고 우리를 좀 더 긍정적인 사람으로 거듭나게 하는 간단한 방법들을 나눠보고자 한다. 아울러 몸짓언어부터 표정, 목소리에 이르기까지 어떻게 하면 행운의 신호를 전달해 좀 더 긍정적인 인상을 심어줄 수 있는지 그 방법을 가르쳐주고자 한다.

PART 2는 '주파수를 조정하라!'로, 자신의 주파수를 조정해 업무 효율과 영감을 향상할 수 있도록 마음 챙김의 힘과 관찰력을 키우는 방법 그리고 목표를 설정하는 방법 등을 나눠보고자 한다. 우리의 두뇌는 라디오와 같아서 주파수를 잘 맞춰야만 행운의 기회를 포착할 수 있기 때문이다.

PART 3은 '연결하라!'로, 다양한 분야의 연구 결과를 통합해 21세기에 가장 효과적이라고 생각되는 사교 방법을 공유하고자 한다. 여기서 연결은 단순한 점과 선의 연결이 아닌 관계의 연결을 의미하는데, 온라인과 오프라인 세계 모두에서 활용할 수 있는 매우 실질적인 방법 공유를 원칙으로 하였다. SNS의 특성을 고려해 내 나름의 조언과 '관점'도 곁들였으니, 좀 더 현명하게 SNS를 활용해 행운을 불러올 수 있기를 바란다.

한편 책 중간중간에 그리 많은 시간이 들지 않는 간단한 연습 문제도 마련했다. 나는 거창한 원칙을 내세우며 우리에게 대단한 변화를 강요하는 알맹이 없는 자기계발서를 아주 싫어한다. 어떤 변화든 어려움이 있게 마련이고, 큰 변화는 작은 변화에서 시작하는 법이기 때문이다. 그래서 나는 '작은 변화가 큰 행운을 불러온다'는 생각으로 쉽게 실천 가능한 연습 문제들을 준비했다.

이 책은 순서에 크게 상관없이 읽을 수 있는 구성이긴 하지만, 그래도 순서대로 읽기를 추천한다. 개인적으로 나는 세상과 마주하기 전, 미리 그에 따른 준비를 해야 한다고 생각하는 사람인지라 '긍정'과 '주파수 조정'으로 자신의 내면을 단단히 한 후, 사회적 관계를 '연결'하는 것이 좋다고 보기 때문이다. 이렇게 한 단계, 한 단계 행운지도에 대한 이해를 넓혀가다 보면 흥미로운 자아 탐구와 변화가 시작될 것이다.

자, 이제 준비가 되었다면 함께 행운의 여정을 시작해보자!

CONTENTS

PART 3 CONNECT THE DOTS!

연결하라!

PART 1

GET POSITIVE!

긍정적인 마인드를 가져라!

PART 1을 읽기 전에 당신이 먼저 해봤으면 하는 일이 있다. 젓가락 하나를 치아 사이로 가져가 가볍게 가로로 물어보는 것이다. 젓가락 대신 연필이나 펜으로 해도 좋다.

이게 뭐 하는 거냐고? 그 답은 잠시 미뤄두기로 하자.

연구 결과에 따르면 운이 좋은 사람은 비교적 긍정적인 편이라고 한다. 그도 그럴 것이 자신에게 좋은 일이 자주 일어난다면 어느 누가 긍정적으로 변하지 않겠는가! 그러나 긍정적인 사람이 더 운이 좋은가를 묻는다면 이는 단정하기 어렵다.

적어도 우리가 확신할 수 있는 한 가지는 긍정적인 사람이 인기가 많다는 사실이다. 비 오는 날보다 맑은 날이 사람을 더 활기차게 만드는 것처럼 긍정적인 사람의 말투나 행동거지로부터 발산되는 '긍정에너지' 역시 주변 사람을 긍정적으로 물들일 수 있기 때문이다. 긍정적인 에너지가 부정적인 에너지보다 심신에 더 유익함은 물론이다.

최근 심리학계에서 가장 핫한 연구 분야 중 하나가 바로 '긍정심리학'이다. 이 분야의 연구 취지는 '어떻게 하면 긍정마인드를 길러 좀 더 즐거운 삶을 살아갈 수 있을까?'이다. 어쨌든 이 세상에 태어난 이상 우리에겐 즐거움을 추구할 권리가 있지 않겠는가.

내가 정의하는 '행운아'는 자기 자신을 즐겁게 만들 줄 아는 사람이다. 당신은 온종일 우울해하며 시니컬한 말만 쏟아내는 부자가 되고 싶은가? 나는 그러고 싶지 않다. 그런 사람은 내게 '돈밖에 없는 가난뱅이'에 지나지 않는다. 그가 내게 돈을 나눠준다면 단언컨대 나는 그보다 훨씬 더 즐겁게 돈을 쓸 수 있을 것이다!

물론 돈도 많고 행복하기까지 할 수 있다면 이보다 더 이상적일 수는 없을 것이다. 이는 우리 모두가 추구하는 목표이기도 하고 말이다. 그러나 문제는 자신에게 운이 따라 더 행복한 인생을 살기를 바라면서도 자신은 운 좋은 행운아가 아님을 드러내는 말과 행동을 골라 하는 사람이 많다는 것이다. 그것이 의도적이든 아니든 어쨌든 그들이 전달하는 부정적인 신호에 사람들은 그들을 다가가기 꺼려지는 사람 혹은 왠지 못 미더운 사람으로 여기게 된다.

당신이 부정적인 사람이라면 아마 '생각을 바꿔보라'는 충고를 많이 들었을 것이다. 하지만 생각을 바꾸기가 어디 말처럼 쉽던가? 내가 지금 당신에게 파란색 코끼리를 상상하지 말아보라고 한다면 당신은 무엇을 떠올리겠는가? 사람의 생각은 외부적인 요소에 쉽게 영향을 받기 때문에 생각하지 말라고 하면 오히려 더 생각하게 되는 경향이 있다. 사실 생각을 바꾸는 데에는 연습도 필요하지만, 그보다 '환경을 바꿀' 필요가 있다. 부정적인 영향에서 벗어나야만 실질적인 변화를 이끌어낼 수 있기 때문이다. 많은 사람이 자신은 생각을 쉽게 바꿀 수 있다고 말하지만, 사실 그들은 현실을 도피하는 방법을 배웠을 뿐이다.

진심으로 자기 운을 바꾸고 싶다면 자신의 몸과 마음을 바로잡는 일부터 시작해야 한다. 그런 의미에서 PART 1 '긍정적인 마인드를 가져라!'에서는 긍정심리학과 행동심리학, '체화된 인지이론(Embodied Cognition Theory)'을 활용해 어떻게 하면 행운을 불러오는 신호를 전달할 수 있는지 그 방법을 설명하고자 한다. 무슨 일이든 좋은 쪽으로 생각해야 한다고 스스로 강요할 필요는 없다. 일련의 연습을 마치고 나면 좀 더 낙천적이고 긍정적으로 변한 자신을 발견할 수 있을 테니 말이다. 이는 당신이 최상의 컨디션으로 행운 기회를 포착하고, 그 기회를 받아들일 수 있도록 하기 위한 준비 과정이다.

아 참, 혹시 아직도 젓가락을 입에 물고 있는가? 그렇다면 아주 좋다. 곧 그 이유를 설명할 테니 일단은 계속 물고 있길 바란다.

전통 심리학에서 뇌는 사고를 담당하는 기관, 몸은 행동을 담당하는 기관으로 인식되었다. 그러나 체화된 인지이론에 따르면 우리는 생각하기에 행동하기도 하지만, 어떤 행동을 하는 것만으로도 사고에 영향을 줄 수 있다.

몇 가지 연구 사례를 예로 들어보자.

+ 주먹을 쥐는 것만으로도 남성들은 자신의 의지가 더욱 굳건해짐을 느꼈다.
+ 묵직한 바인더에 설문지를 끼워놓자 바인더를 받은 사람들은 설문지의 문제를 더욱 중요하게 생각했다.
+ 일정 시간 펜을 입에 물고 있는 것만으로도 사람들은 자신이 보는

만화가 더 재미있다 느꼈고 그만큼 기분도 좋아졌다.

자, 이제 내가 젓가락을 물고 있으라고 한 이유를 알겠는가?

젓가락을 입에 물면 뺨의 근육이 당겨지는데 우리가 미소를 지을 때도 같은 부위의 근육이 사용된다. 다시 말하면 내가 당신에게 웃어보라고 하진 않았지만, 간접적인 방법으로 '웃는' 표정을 지어 보이게 한 것이다. 거울에 자신의 모습을 비춰보면 아마 내 말뜻을 이해할 수 있을 것이다(입술로 또는 입술을 오므린 채로 젓가락을 물면 소용이 없다. 치아를 사용해야만 뺨 근육이 움직인다). 이는 당신이 즐거운 마음으로 이 책을 접했으면 하는 나의 바람이 투영된 작은 실험이다. 그래야 앞으로 이어질 내 조언들을 좀 더 열린 마음으로 받아들일 수 있을 테니 말이다.

물론 단순히 젓가락을 물고 있다 해서 갑자기 기분이 좋아지는 사람은 거의 없다고 할 만큼 이 실험의 효과는 미미하다. 그러나 대조 실험을 통해 확실하게 효과가 입증되었으니, 조금밖에 도움이 안 될지라도 시도해볼 가치는 있지 않은가? '긍정적인 마인드를 가져라'에는 이와 같은 기술들이 담겨 있다. 처음에는 그저 흉내 내기에 지나지 않는다는 생각이 들 수도 있지만, 꾸준히 행동하다 보면 자신의 변화를 체감할 것이다.

외적인 태도, 표정, 목소리부터 내적인 생각, 사고 습관에 이르기까지 연구로 실증된 방법들을 활용해 효과를 축적하고, 나아가 더 긍정적이고 낙천적인 사람으로 거듭나는 것. 그래서 자신의 주변에 행운의 신호를 전파할 수 있게 되는 것. 이것이 바로 '긍정적인 마인드를 가져라!'의 목표다.

행운의 신호를 보내는 법

HOW TO
SEND
LUCKY
SIGNALS

운이 좋은 사람은 따뜻하고 안정적이며 긍정적인 기운을 내뿜는다. 그들이 내뿜는 '행운의 빛줄기'에 사람들은 자연스럽게 이끌린다. 반면 운이 나쁜 사람은 불안정하고 부정적인 기운을 내뿜으며 지나치게 기센 모습이나 필요 이상으로 위축된 모습으로 사람들의 경계심을 불러일으킨다. 그러나 자세를 바로잡는 것만으로도 자신의 기운을 대폭 개선해 더 좋은 첫인상을 남길 수 있다.

몸도 말을 한다

켈리와 페니는 절친한 친구 사이다. 유학을 마치고 돌아온 두 사람은 주요 패션 행사나 명품 파티에 빠짐없이 초대될 정도로 타이베이(臺北)의 사교계에서 활발하게 활동 중인 유명인사다.

다만 그녀들에게 특이점이 있다면 두 사람 모두 아름다운 미모를 지녔음에도 연애운만큼은 확연히 다르다는 것이었다. 사진으로 보면 페니의 미모가 켈리보다 한 수 위인 듯했지만 파티에 참석할 때마다 괜찮은 남성들의 관심을 받는 쪽은 켈리였다. 페니에게는 말만 번지르르한 플레이보이나 파리만 꼬일 뿐이었다.

페니는 정말 괴로웠다. 켈리와 친한 친구이기는 하지만 자꾸 심사가 뒤틀리는 건 어쩔 수 없었다.

'왜 괜찮은 남자들은 항상 켈리를 마음에 들어 하는 거지? 나에게는 이상한 남자만 꼬이는데!'

그녀는 생각할수록 기분이 나빴다. 그러다 어느 모임에서는 감정 조절에 실패해 분위기를 어색하게 만들기도 했다.

성대한 자선 파티가 있던 어느 날 저녁, 마침 두 사람이 함께 파티장으로 걸어 들어오고 있었다. 당시 재빠르게 스마트폰으로 그 모습을 남겼어야 했는데, 그러지 못한 것이 아직까지도 아쉬움으로 남는다. 두 사람의 연애운이 왜 그렇게 딴판이 되었는지 사진만 봐도 눈치챌 수 있을 정도였으니까.

27

파티장으로 들어서는 켈리의 모습은 문틀과 어우러져 한 폭의 그림 같았다. 단정하지만 우아했으며, 멀리서 보기에도 자신감이 넘쳐 보였다. 사람들에게 스스럼없이 다가가는 모습도 확실히 눈에 띄었다. 어느샌가 훌쩍 자라 이제는 어엿한 숙녀가 되어버린 이웃집 소녀를 밖에서 우연히 만난 것처럼 그녀에게는 친숙한 매력이 있었다.

한편 페니는 하이힐을 신고 있어서 얼핏 봐도 모델 같은 느낌이었다. 그러나 갓 데뷔한 신인 모델처럼 조금은 경직되어 보였다. 그녀는 자신의 긴장감을 감추기라도 하려는 듯, 한 손은 허리에 얹고 다른 한 손은 클러치 백을 쥔 채 가슴을 가리고 있었다. 마치 "내게 다가오지 마"라고 말하는 듯한 모습이었다.

어쨌든 이 두 퀸카의 등장으로 현장 분위기는 확연히 바뀌었지만, 두 사람의 '기운'은 전혀 달랐다. 그녀들이 입구에 모습을 드러낸 순간부터 오늘 밤의 무대 주인공은 누가 될 것인지 이미 판가름이 나 있었다. 얼굴도 제대로 보기 힘든 그 짧은 몇 초에 어떻게 그토록 많은 것을 판단할 수 있는지 신기하지만, 실제로 우리는 그렇게 했다.

우리의 행동을 지배하는 잠재의식

과학자들이 전문 배우들을 대상으로 실험을 진행한 적이 있다. 과

28

학자들은 배우들의 어깨와 팔꿈치, 발목 등 관절 부위에 센서를 부착한 후 걷거나 춤을 추는 등 일상생활의 다양한 상황을 연기해달라고 부탁했다. 센서와 연결된 컴퓨터 스크린에는 센서 위치를 3D로 인식한 작은 점들이 나타났다. 점들이 움직이지 않을 때는 별자리의 형상을 그린 그림을 보는 듯했다. 그러나 배우들이 움직이기 시작하자 어린아이들도 그 점들이 실은 '사람'을 나타낸다는 사실을 알아차렸다. 또한 그 사람이 어떤 동작을 하고 있는지뿐만 아니라 그들의 성별과 기분까지 구분해냈다. 다만 이를 어떻게 구분했는지를 묻는 질문에 사람들은 "그냥 알았다"고 답할 뿐 이유를 제대로 설명하지는 못했다.

이는 몸짓언어를 판별하는 일이 일종의 무의식적 인식에 해당하기 때문인데, 실제로 우리는 무의식적으로 여러 몸짓언어를 표현하기도 한다. 물론 이성적인 우리의 두뇌는 손발을 통제해 어떻게 앉고 서고 또 춤을 출지를 결정하지만, 이와 동시에 대뇌변연계(Limbic System)의 영향을 받아 무의식적인 행동을 드러내게 만들기도 하는 것이다. 진청우(일본 및 중화권을 중심으로 활동하는 일본인 배우로, 우리나라에서는 금성무金城武로 알려져 있다)를 닮은 잘생긴 남자가 나를 향해 걸어오는 것을 보고 속으로 '진정해, 진정해!'를 외치면서도 자기도 모르게 어깨가 경직되는 이유도, 손을 올려 얼굴을 감싸고 싶은 충동이 드는 이유도, 그리고 그 충동을 억누르고 재빠르게 머리를 매만진 후 잘생긴 그 남자 쪽을 힐끔 쳐다보게 되는 이유도 모두 이 때문이다. 연구 결과에 따르면 많은 여성이 이와 같은 상황에서 비슷한 행동을 드러냈는데, 이는 '무의식적 구애 행동'으로 해석할 수 있다.

그렇다면 우리는 이렇게 복잡한 몸짓언어를 누구에게서 배우는 것일까? 일부는 타고난 반응에 속하며, 일부는 또래 친구들을 통해, 또 일부는 성장 경험을 통해 학습한다. 몸짓언어를 판별하는 능력처럼 실은 누가 가르쳐줄 필요가 없다는 뜻이다. 그런데 문제는 바로 여기에서 비롯된다.

때로는 질병이나 생활 습관에 의해 우리의 생리적 상태가 신체 동작에 고스란히 반영되기 때문이다. 예컨대 장기간 잘못된 앉은 자세를 유지하다 보면 등이 굽는데, 남들은 이렇게 등이 구부정한 모습에서 우리를 나약한 사람 혹은 자신감이 결여된 사람으로 넘겨짚게 된다는 것이다(등이 굽은 젊은이는 특히 더 그렇다).

물론 우리는 자신의 습관적 동작을 의식하지 못한다. 그러나 그동작이 바르든 바르지 않든, 다른 사람들은 이를 몸짓언어로 이해해 우리에 대한 인상을 결정한다. 다시 말해서 당신은 추워서 팔짱을 꼈는데, 상대방은 이를 자신에 대한 거부 의사라고 생각해 당신에게 적의를 가질 수도 있다는 뜻이다. 그런데 이렇게 되면 너무 억울하지 않겠는가?

그러니 이제부터 다양한 몸짓언어가 어떤 신호를 전달하는지 함께 알아보도록 하자. 이를 알면 수시로 자신의 자세를 점검해 장기

행운의 몸짓 신호	불운의 몸짓 신호
편안하고 자연스러운 행동	딱딱하고 움츠러든 행동
점잖고, 따뜻하며, 새로운 사람을 만나고	새로운 사람과의 만남을 싫어하며,
알아가는 것을 즐김	사람을 피하는 듯함
자신감이 있으나 거만하지 않음	지나치게 거만해 다가가기 꺼려짐

간에 걸쳐 형성된 습관을 바로잡고, 좀 더 긍정적이고 대범한 행운의 몸짓 신호를 보낼 수 있을 테니 말이다. 자, 그럼 머리부터 발끝까지 하나하나 살펴보자!

A. 발과 다리

몸짓언어 전문가들은 인간의 전신 중 가장 거짓말을 못 하는 부위가 바로 발과 다리라고 말한다. 우리가 위험에서 벗어날 수 있도록 달리고, 뛰고, 오르는 기능을 하는 것이 바로 다리이기 때문에 우리의 발은 무의식적으로 우리가 가고 싶은 곳을 향하게 되어 있다는 것이다. 예를 들어 두 사람이 서서 이야기를 나눈다고 가정해보자. 이때 두 사람의 몸은 서로를 향해 있지만 발이 각각 다른 방향을 향하고 있다면, 십중팔구 그저 '지나는 길에 인사를 건네는 것'일 뿐 그리 오래 이야기를 나눌 생각이 없다고 해석할 수 있다. 특별히 주의를 기울이지 않는 이상 발이 무의식적으로 전달하는 신호를 감추기란 쉬운 일이 아니다.

앉은 자세에서도 발과 다리는 많은 신호를 드러낸다. 가장 단정하게 앉은 자세는 두 다리를 나란히 모으고, 발바닥을 땅에 붙여 옆에서 봤을 때 직각을 이루는 자세다. 그러나 군대나 면접장이 아니고서야 온종일 이렇게 정자세를 유지하는 사람은 극히 드물다. 어떤 사람들은 의자에 몸을 기댄 채 두 다리를 쩍 벌려 앉기도 한다. 특히 청소년기의 남학생들이 이러한 자세로 앉기를 좋아하는데, 이렇게 앉는 것이 편해서일 수도 혹은 멋져 보인다고 생각해서일 수도 있지만 실은 여기에도 무의식이 반영된다. 일단 다리를 쩍 벌린다는 건 '자리를 차지하겠다'는 뜻이다. 그러나 이때 의자에 몸을 기댐으로써 상대적으로 자신이 작아 보이게 만들었다면, 이는 '대장이 되고 싶지만 숨고 싶기도 해'라는 모순적인 심리를 드러낸다. 한편 어떤 이들은 낯가림이 심해 다른 사람과 이야기를 나눌 때면 무의식적으로 심리적 압박을 느껴 자신도 모르게 발이 다른 곳을 향하기도 한다. '언제든 달아날' 준비를 하는 것이다.

"아닌데! 난 그냥 그게 편해서 그런 건데!"라고 말한다면 달리 반박할 길은 없다. 그러나 다른 사람들은 여전히 당신의 선 자세와 앉은 자세에서 모종의 심리 상태를 읽어낼 것이다. 그리고 그것이 반드시 정답이 아니더라도 자신이 받은 느낌대로 판단을 내려 당신과 계속 이야기를 나누거나 다른 사람을 찾아 떠날 것이다.

그러니 상대에게 대범하고 자연스러운 느낌을 전달하고 싶다면 다른 사람과 대화를 나눌 때 잊지 말고 자신의 두 발이 상대를 향하도록 하자. 앉아 있는 상태라면 두 다리를 편안하게 두되, '쩍 벌어지지 않게' 주의하고, 다리를 꼬더라도 꼬아 올린 다리가 상대를 향하도록 하자. 이렇게 하면 '당신과의 대화에 집중하고 있다'는 신호를 보낼 수 있다. 단, 신발 밑창이 상대를 향하지 않도록 주의해야 하며(일부 민족 사이에서는 무례로 간주한다), 발을 떨지도 말아야 한다. 이는 긴장하거나 지겨울 때, 혹은 지나치게 흥분했을 때 나타나는 무의식적 행동이기 때문이다.

B. 몸

중학교 때 반에 새로 전학 온 친구가 있었다. 그는 가슴에 책을 꼭 끌어안은 채 반 친구들에게 첫인사를 건넸는데, 그 모습이 어찌나 어색했는지 지금까지도 기억이 생생하다. 특히 나는 그의 어색함이 남 일 같지 않았다. 나 역시 한때는 그와 같은 처지였기 때문이다. 나는 여덟 살 때 가족과 함께 미국으로 이민을 갔다. 당시에는 영어를 하지 못해 거의 반년 동안 수업을 따라가지 못했고, 친구들의 말도 눈치로 대충 이해하는 식이었다. 어쩌면 그런 시간들을 겪어왔기에 내가 몸짓언어에 더 민감한 건지도 모르겠다.

어쨌든 그 중학교 동창의 어색함은 그의 상반신에 반영되었다. 일반적으로 복부는 우리의 몸에서 가장 취약한 곳이다. 그렇기 때문에 우리는 어떤 위협을 느낄 때 무의식적으로 이 부위를 보호하려고 한다. 예컨대 팔을 교차해 복부를 감싸거나, 팔짱을 끼거나, 가방 혹은 책 또는 다른 물건으로 몸통을 가리거나, 아예 몸을 돌리기도 한다. 즉, 이러한 행동이 모두 불편함의 신호인 셈이다.

타인에게 밝고 시원시원한 이미지를 심어주고 나아가 '나는 운이 좋은 사람이야'라는 신호를 보내려면, 항상 자신의 몸이 상대를 향하도록 하고 절대 팔짱을 끼지 말아야 한다. 너무 추워서 팔짱을 낄 수밖에 없는 상황이라면 상대에게 이렇게 말해보자.

"그런데 여기 진짜 춥네요! 미안한데 따뜻한 곳으로 자리를 옮겨서 계속 얘기를 나눌 수 있을까요?"

대화할 때 상대방 쪽으로 몸을 살짝 기울여도 좋다. 그러면 상대방 역시 자신도 모르게 당신을 향해 몸을 기울이는 모습을 볼 수 있을 것이다. 이렇게 은연중에 서로의 행동을 모방하는 것을 미러링 (Mirroring)이라고 하는데, 우리는 이를 통해 서로에 대한 호감을 높일 수 있다.

C. 손

손의 소근육은 두뇌와도 밀접한 관련이 있다. 대부분의 사람이 소통할 때 손 역시 따라 말을 한다고 해도 과언이 아니다. 그런 까닭에 손짓과 수어(手語)에는 매우 다양한 의미가 담겨 있으며, 문화의 차이 또한 존재한다. 여기서는 참고할 만한 몇 가지 기본 원칙만 짚고 넘어가자.

❶ 활기차고 열정적인 모습을 드러내길 원한다면, 말할 때 손동작을 좀 더 활용해도 좋다. 그러나 가능한 한 상대방이 당신의 손바닥을 볼 수 있어야 한다. 말할 때 청중에게 손바닥을 보이는 것이 손등이나 손가락을 보이는 것보다 훨씬 우호적으로 보인다. 손등은 무의식 속의 비밀이나 압박을 암시하며, 상대를 향한 손가락은 명령의 뜻을 담고 있어 상대방에게 불편함을 줄 수 있기 때문이다.

❷ 엄지는 우리에게 매우 중요한 의미가 있다. 손가락 중 가장 힘이 셀 뿐만 아니라 무언가를 잡고, 기어오르게 하는 '능력'의 상징이기 때문이다. '칭찬'과 '유능함'의 뜻으로 엄지를 치켜세우는 이유도 여기에 있다. 유심히 관찰해보면 알겠지만 부끄러움을 타거나 긴장을 한 사람은 엄지를 감춘다. 엄지를 드러내는 것은 비교적 자신이 있다는 신호다. 거울 앞에 서서 두 손을 주머니에 넣은 다음 자신의 모습을 살펴보라. 그리고 다시 같은 자세에서 엄지만 밖으로 내어보라. 왠지 달라 보이지 않는가? 통계에 따르면 사장과 고위 간부들은 이런 자세로 직원들 앞에 서는 반면, 직급이 낮은 직원들은 항상 엄지를 감춘다고 한다. 그러니 은근하게 자신감과 지위를 드러내고 싶다면 엄지를 드러내자!

❸ 팔꿈치는 매우 단단하면서도 유연한 신체 부위로, 싸움할 때 공격과 방어가 모두 가능한 만큼 그 위치에 따라 상대에게 전달

하는 신호도 달라진다. 상대를 향해 팔꿈치를 올리는 것은 일종의 위협 자세인데, 영화 속에서 흔히 패거리가 이렇게 서 있는 모습을 볼 수 있다. 두 손을 허리에 얹는 자세 역시 '자리를 차지하겠다'는 잠재의식이 반영된 행동으로, 상대에게 위압감을 주기 쉽다. 상대적으로 팔꿈치를 몸에 바짝 붙이고 있으면 부자연스러운 느낌을 준다. 다음에 모임에 나가거든 친구들이 포옹할 때의 팔꿈치 위치를 관찰해보라. 친한 사이일수록 팔을 더 크게 벌려 팔꿈치가 몸에서 멀어지는 반면, 썩 친하지 않은 경우 포옹은 하더라도 팔꿈치는 몸에서 그리 멀리 떨어지지 않을 테니 말이다. 그러니 우호적인 모습을 자연스럽게 드러내고 싶다면 팔꿈치가 직접적으로 상대를 향하지 않도록 하고, 대화를 나눌 때는 팔꿈치가 몸에서 너무 멀리 혹은 가까이 있지 않도록 두자.

D. 목과 머리

얼굴 표정이 전달하는 신호에 대해서도 집중적으로 이야기하겠지만, 사실 우리의 머리와 목만 봐도 많은 신호를 읽어낼 수 있다. 목은 대동맥이 가장 뚜렷하게 드러나는 곳으로, 가장 약한 부위이자 섹시한 부위이기도 하다. 많은 포유동물이 교배 시 상대의 목을 물곤 하는데, 아마도 그곳에서 페로몬이 발산되기 때문일 것이다. 남녀가 대화를 나눌 때 여성이 고개를 살짝 기울여 목을 드러낸다면 이는 일종의 호감 표시다. 어린아이가 눈을 크게 뜨고 고개를 한쪽으로 기울이면 유독 귀여워 보이는 이유도 여기에 있다. 그러나 대화 중 상대가 연신 목덜미를 만진다면 초조하거나 짜증이 난다는 신호일 수 있다. 목이 뻐근해 안마가 필요한 상태가 아니라면 말이다. 그러니 괜한 오해를 사지 않으려면 목덜미는 되도록 만지지 않는 것이 좋다.

한편 머리의 위치는 대부분 턱에 의해 좌우된다. 턱을 드는 행동은 자신감의 표현이지만, 지나치면 오만하다는 느낌을 줄 수 있다. 반대로 턱을 내리는 행동은 무력감의 표현이다. 이와 동시에 어깨를 움츠리며 등을 굽힌다면 전형적인 '기죽음'을 나타낸다. 이러한 몸짓언어는 자신감이 없어 보인다는 느낌을 주는데, 특히 잘못을 들킨 아이들에게서 이러한 몸짓언어가 두드러지게 나타난다.

더 간단한 방법은 없을까?

이쯤 되면 분명 이런 생각이 들 것이다.

'참나, 그 많은 부위를 어떻게 다 기억하고 신경 쓰라는 거야? 그렇게 살면 너무 피곤하지 않나?'

그렇다. 사소한 행동을 하나하나 신경 쓰기란 여간 피곤한 일이 아니다. 게다가 오래된 습관들은 단번에 고치기도 어렵다. 고치려

할수록 오히려 어색해질 것이다. 그럼 어떻게 해야 할까? 더 간단한 방법은 없을까? 있다!

《FBI 행동의 심리학(What Every Body Is Saying)》에 이런 말이 나온다(행동심리학에 관심이 있다면 꼭 읽어보라).

'중력을 거스르는 행동은 일반적으로 긍정적인 정서를 반영하는 정직한 온도계와 같다고 할 수 있다.'

기분 좋은 사람은 길을 걸을 때 마치 춤을 추듯 발걸음이 가볍고 경쾌하지만, 실의에 빠진 사람은 등에 무거운 짐을 짊어진 듯 발걸음이 무겁다.

다시 말해서 중력이 우리의 몸에 미치는 영향을 상상하는 것만으로도 우리의 신체 동작을 예측할 수 있다는 뜻이다. 마찬가지로 신체 부위를 하나하나 신경 쓸 필요 없이 상상만으로도 자연스럽게 '행운을 부르는' 자세를 가질 수 있다.

나는 요가 초심자인데, 수업 시간에 선생님도 이런 말씀을 하셨다. 한 발로 서서 두 손을 합장하듯 모은 다음 머리 위로 뻗는 브릭샤아사나(Vriksasana, 일명 나무 자세)를 할 때 초보자들은 균형을 잃기 쉬운데, 천장에서 내려온 밧줄을 잡고 있다고 상상하면 균형을 잡기가 훨씬 수월해진다고 말이다. 이 방법은 신기하게도 정말 효과가 있으니 한번 시도해보라!

요컨대 여기에는 관념운동효과(Ideomotor Effect)의 원리가 숨어있다. 간단히 말하면 우리의 생각이 신체의 대근육을 제어할 뿐만 아니라 단독으로 제어하기 힘든 소근육에까지 영향을 준다는 뜻이다. 따라서 간단한 상상의 시각화(Visualization)로 자세를 가다듬는다면 자연스럽게 '긍정적인' 자세를 가질 수 있다.

Try this 1

먼저 다른 사람에게 방해받지 않는 조용한 장소를 찾아 바른 자세로 서보자. 이때 아랫배는 살짝 집어넣고 턱은 너무 높게 들지 않도록 한다. 이어서 긴장을 풀고 머리부터 눈, 귀, 턱, 목, 어깨, 팔 그리고 발까지 신체 각 부위에 대한 중력의 작용을 느껴보자.

그런 다음 빛줄기가 당신의 골반과 모든 척추를 연결해 목을 지나 두뇌를 관통하여 마지막으로 정수리의 백회혈을 뚫고 나간다고 상상해보자. 그 빛이 계속 뻗어나가 천장을 가로질러 하늘로 향할 때까지 말이다. 이제 하늘에 고정된 그 빛줄기가 당신의 좌골, 골반, 척추, 목, 머리를 쭉 당겨 당신을 더욱 올곧게 만들었다. 그 덕분에 두피가 살짝 얼얼하고, 두 발은 가벼워졌다. 몸무게 일부를 빛줄기가 지탱하고 있으니 말이다.

앞으로 피곤하거나 몸이 무겁게 느껴질 때는 이 상상의 '빛줄기'로 전신을 끌어올려라. 길을 걸을 때도 마찬가지다. 하늘로 뻗어나간 이 빛줄기가 자신의 발걸음을 더욱 가볍게, 사지를 더욱 유연하게

만들어 가볍게 뛰어올라도 공중에서 더 오랫동안 머물 수 있다고
상상해보는 것이다. 허황되게 들릴지도 모르지만 실은 꽤 현실적
인 방법이다. 이렇게 하면 빠르게 자세를 바로잡아 굽은 등도 펼 수
있다.

다른 사람과 이야기를 나눌 때도 이와 유사한 방법을 쓸 수 있다.
'행운의 빛줄기'가 자신의 가슴에서 뿜어져 나와 자신이 정조준한
상대가 행운의 신호를 받게 되는 상상을 해보는 것이다. 행운의 빛
줄기가 상대의 마음에 가닿으면 서로 마음을 헤아리며 더 원활한
소통을 할 수 있다. 그러니 팔이나 가방으로 이 빛줄기를 막지 말
라! 상대를 포옹할 것처럼 팔을 벌릴 때 그 빛줄기는 더 넓고, 더 밝

게 빛난다. 이러한 상상의 시각화를 활용하면 자연스럽게 몸이 상대를 향해 밝고 따뜻한 자태를 드러낼 수 있다.

♣ ♣ ♣

어떤 장소에 들어설 때의 행운 기운

동양의 현학자들이 말하는 '기운'은 서양의 '아우라(Aura)'와 비슷한 의미로, 사람이 발산하는 영혼의 스펙트럼을 말한다. 과학적 근거가 있고 없고를 떠나 우리는 '기운'으로 자세와 몸짓언어를 비유할 수 있는데, 운이 좋은 사람은 따뜻하고 안정적이며 긍정적인 기운을 내뿜는다. 그들이 내뿜는 '행운의 빛줄기'에 사람들은 자연스럽게 그들에게 이끌린다. 반면 운이 나쁜 사람은 불안정하고, 부정적인 기운을 내뿜으며, 지나치게 기센 모습이나 필요 이상으로 위축된 모습으로 사람들의 경계심을 불러일으킨다. 그러나 자세를 바로잡는 것만으로도 자신의 기운을 대폭 개선해 더 좋은 첫인상을 남길 수 있다.

그럼 자선 파티가 있던 그날 저녁으로 다시 돌아가자. 켈리와 페니가 등장했을 때, 두 사람의 자세에는 각기 다른 기운이 반영되어 있었다. 켈리는 자연스러우면서도 자신감 있는 모습으로 사람들에게 편안한 인상을 심어주었고, 역시나 많은 사람이 그녀에게 다가가 말을 걸었다. 한편 페니는 방어적인 모습으로 그녀에게 말을 걸어봤자 냉담한 반응이 돌아올 거라는 느낌을 주었다. 어쩌면 그런 까닭에 페니에겐 뻔뻔한 플레이보이나 시쳇말로 파리들만 꼬인 것인지도 모른다. 또 어쩌면 다소 자신감이 없어 보이는 그녀의 모습이 소위 '육식남(남자다움을 최고로 여기는 남자)'에게만 통했을 수도 있고 말이다.

훌륭한 조건을 가진 두 여성의 연애운이 왜 그렇게 달라졌는지, 나는 그녀들이 파티장에 들어선 순간 단박에 알아차렸다. 나는 그녀들에게 다가가 인사를 건넨 후 목소리를 낮춰 페니에게 말했다.

"차라리 집에서 TV나 볼걸 그랬죠?"

그러자 페니는 놀란 듯 눈을 크게 뜨고 나를 한번 쳐다보더니 나지막하게 말했다.

"맙소사, 그렇게 티가 나나요?"

"다른 사람들은 눈치 못 챌 거예요. 농담이거든요!"

나는 서둘러 그녀를 안심시켰지만 사실 속으로는 이렇게 말하고 싶었다.

"다른 사람들은 눈치 못 챌 거예요…… 하지만 그들도 느낌으로 알겠죠!"

다음에 그녀의 마음이 조금 편해지거든 그녀에게 꼭 '빛줄기'를 선물해야겠다.

미소는 최고의 첫인사다

과거 2년 동안 사귄 여자 친구가 있는데, 그중 1년 반은 그녀의 어머니에게 내가 미움을 받고 있다고 생각했다. 나를 볼 때마다 원수를 보듯 입꼬리를 내린 채 턱을 치켜들고 눈살을 찌푸렸기 때문이다. 이렇게 말하면 실례일지도 모르지만 그 모습은 마치 불도그 같았다. 그래서 난 줄곧 그녀의 어머니를 피해 다녔다. 당시 여자 친구의 아버지가 날 지지해주지 않았다면 아마 눈치에 못 이겨 더 빨리 헤어졌을지도 모를 일이다.

그러던 어느 날, 여자 친구와 함께 옛날 앨범을 정리하다가 그녀가 어렸을 때 찍은 가족사진을 보게 되었다. 그런데 모든 사진 속 그녀의 어머니 모습이 나를 보던 그 얼굴과 똑같은 게 아닌가! 나는 궁금함을 참지 못하고 여자 친구에게 물었다.

"그런데 어머니는 왜 이렇게 다 무뚝뚝하게 나왔어?"

"아, 원래 그러셔! 안 그래도 입꼬리가 처졌는데 나이가 들면서 더 심해졌거든. 그래서 되게 엄해 보이는데 실은 좋은 분이야. 너도 자주 보다 보면 알게 될 거야!"

이후 용기를 내 여자 친구의 어머니와 몇 번 대화를 나눠보니 확실히 마음씨 곱고 소박한 전형적인 우리네 어머니였다. 여자 친구의 집에 갈 때마다 어머니는 배가 터질 만큼의 음식을 내오셨고, 고맙다는 나의 인사에도 무뚝뚝하게 "됐으니, 많이 먹어!"라고 답할 뿐이었다. 그래서 나는 언젠가 여자 친구의 어머니를 웃게 만들겠다는 목표를 세웠다.

안타깝게도 목표를 달성하지 못한 채 여자 친구와 헤어졌지만, 그래도 우리는 여전히 좋은 친구로 남았다. 이후 그녀가 외국에서 결혼식을 올렸을 때도 비행기를 타고 날아가 참석했을 정도로 말이다. 물론 결혼식에서도 그녀의 어머니 표정은 여전히 엄숙했다. 오죽하면 주례를 선 신부님까지 당황하며 쩔쩔 맬 정도였을까.

예식이 끝나고 피로연 자리에서 나는 전 여자 친구의 남편을 한쪽으로 불러 말했다.

"이건 비밀인데…… 사실 예전에 그쪽 장모님을 얼마나 무서워했는지 몰라요!"

그러자 그는 곧바로 술 두 잔을 들고 와 한 잔을 내게 건네며 말했다.

"맙소사! 무슨 말인지 완전 이해가 되네요! 자, 건배합시다!"

우리는 확실히 외모로 사람을 평가한다

아마 다들 주변에 '강한 인상과 다르게 마음씨 착한' 친구들 한둘쯤은 있을 텐데, 나는 그들의 손해가 이만저만이 아니라고 생각한다. 외모로 사람을 평가해서는 안 된다고는 하지만 사실 우리는 늘 그렇게 하고 있기 때문이다. 준수한 외모는 사람들의 이목을 사로잡을 뿐만 아니라(심지어 아기들도 예쁘고 잘생긴 사람을 좋아한다) '미(美)'와 '선(善)'을 혼동하게 만들기 십상이다.

잘난 외모는 사람들의 경계심을 낮추기도 한다. 미국의 한 학자가 국회의원 후보자들의 증명사진을 모아 이들을 전혀 모르는 사람들에게 보여주며 평가를 부탁한 적이 있었다. 그런데 이들이 성실하고 유능해 보인다고 평가한(실은 그저 마음에 든) 후보자가 이후 선거에서 대부분 당선되는 결과가 나왔다. 순수하게 얼굴만 보고 예측한 선거 결과가 정치적 성과에 대한 여론조사보다 더 정확했던 것이다.

1960년에 열린 케네디와 닉슨의 대선 후보 토론회는 미국 최초로 TV 전파를 타며 전국적인 관심을 받았다. 토론회 당일 구릿빛 피부의 케네디는 시종일관 활기가 넘쳤던 반면, 닉슨은 컨디션 난조로 안색이 좋지 않았다. 게다가 남자가 무슨 화장이냐며 메이크업도 거절한 터라 화면에 비친 그의 모습은 더욱 참담했다. 이에 닉슨의 러닝메이트는 방송을 보자마자 이렇게 소리쳤다고 한다.

"끝났네. 저 자식 때문에 졌어!"

실제로 당일 진행된 여론조사에서 라디오를 들은 사람 대부분은 닉슨의 토론 내용이 좋았다고 답한 반면, TV를 본 사람들은 케네디가 닉슨을 압도했다고 입을 모았다. 이후 케네디가 근소한 차이로 미국 대통령에 당선되었는데, 많은 평론가는 TV토론회의 공이 컸다고 평가했다.

솔직히 말하자면 이는 꽤나 걱정스러운 일이 아닐 수 없다. 국가 대사마저도 외모로 결정되는데 일이나 감정, 인간관계에서는 더더욱 그렇지 않겠는가? 물론 이왕이면 다홍치마라고 잘생긴 사람이 더 인기 있을 수밖에 없다는 사실을 부정할 수는 없다. 그러니 그 많은 성형외과가 문전성시를 이루는 것 아니겠는가. 그렇다면 성형으로 운을 바꿀 수 있을까? 성형으로 자신감을 찾아 기꺼이 세상과 마주할 수 있게 된다면 더 많은 기회를 불러올 수 있을지도 모른다. 어떤 사람들은 "걔는 처음 고쳤을 때 정말 예뻤는데, 또 성형하고 더 못생겨졌어!"라는 말이 나올 정도로 지나치게 성형을 하기도 한다. 그러나 자신이 그리는 완벽한 외모만을 좇을 때의 그 초조함과 결국 도달할 수 없는 이상임을 깨달았을 때의 그 실망감은 오히려 액운이 될 수 있다. 더 아름다워지길 바라는 마음이야 인지상정이지만 무슨 일이든 적당한 선이 존재하는 법이다.

게다가 외모에 대해 고민하며 시간을 보내는 대신 내실을 다져 더 성공하는 사람들도 있지 않은가. 예컨대 왕융칭(王永慶, 타이완 포모사 그룹 창업자)과 마윈(馬雲, 중국 알리바바 그룹 창업자)은 소위 복 받은 얼굴은 아니었지만 얼굴에 한가득 '성실함'을 채웠다.

이렇듯 성형이 아닌 스스로의 힘으로 관상운을 바꿀 방법은 있다. 게다가 이는 우리가 생각하는 것보다 훨씬 쉽다!

운이 따르는 얼굴

　인간은 42개의 얼굴 근육으로 7,000여 가지의 표정을 지을 수 있다. 그러나 이 중에서 문화와 종족을 초월해 공통적으로 나타나는 표정은 '슬픔', '분노', '공포', '놀람', '증오', '기쁨' 이렇게 여섯 가지뿐이다. 이 여섯 가지 원시적 표정 가운데 '긍정적'인 표정이 단 하나뿐인 걸 보면 우리 조상들의 삶은 그리 즐겁지 않았던 모양인데, 실제로 과학자들은 이에 대해 이렇게 설명했다.

　"도처에 위험이 도사리는 원시의 삶에서 표정은 동포에게 보내는 일종의 경고성 신호였다. 모든 것이 평안하고, 의식(衣食)이 충족된 상태에서야 비로소 '모든 것이 좋다'는 의미로 곁에 있는 사람에게 미소를 보였다."

　사람의 '첫인상'은 6초 안에 결정된다. 그런데 다각적인 시각에서 다양한 문화별로 진행한 연구 실험 결과에 따르면 좋은 첫인상을 남기는 데 가장 효과적인 방법이 바로 '미소'를 짓는 것이라고 한다. 그렇게 간단할까 싶겠지만 정말 그렇다.

　다른 사람들에게 좀 더 환영받는 사람이 되고 싶다면, 좀 더 원활한 사회생활을 원한다면, 그리고 더 많은 행운의 기회를 얻고 싶다면, 많이 웃어라. 이것이 가장 간단하면서도 효과적인 방법이다.

미소의 영향력은 상당하다. 과거 모 대학의 심리학과 학생들이 수업 시간에 이런 장난을 친 적이 있다. 교수님이 강의하다 교실 오른쪽으로 움직이면 미소를 짓고, 왼쪽으로 움직이면 미소를 거둔 것이다. 이에 '조종'당한 교수님은 자신조차도 이유를 알지 못한 채 한 교시 내내 교실 오른쪽에만 서서 수업을 진행했다.

미소의 흡인력이 이 정도로 엄청나다면 당신의 미소는 수많은 사람 속에서 귀인을 불러오는 열쇠가 될 것이다.

물론 우리 주변에는 입으로만 웃고 눈은 웃지 않는 가식적인 미소를 가진 사람들이 있다. 그들의 미소는 오히려 의심을 불러일으키고 보는 사람을 불안하게 만든다. 왜일까? 미소에도 종류가 수백 가지인데, '행운을 부르는 진실한 미소'란 어떤 것일까?

　거울을 보고 '김치'라고 말할 때처럼 치아가 살짝 드러나도록 입꼬리를 올려보자. 그리고 이 모습을 잘 기억해두자. 이것이 바로 전형적인 미소이니 말이다.

　이제 방금 전의 표정을 유지한 채 거울을 등지고 서서 당신이 가장 좋아하는 사람을 바라보고 있다 상상해보자. 당신의 연인이나 배우자, 아이, 혹은 반려동물도 좋다. 그가 지금 당신의 앞에서 귀엽게 고개를 기울인 채 미소를 짓고 있고, 당신도 그를 향해 웃고 있다고 상상해보는 것이다. 그런 다음 바로 몸을 돌려 거울을 보라! 당신의 미소가 달라지지 않았는가?

　보통 사람이라면 어디가 달라졌는지 콕 짚어 말할 수는 없지만 조금은 달라진 모습을 발견할 수 있을 텐데 그 이유는 이러하다. 우리가 그냥 미소를 지으면 입꼬리에서 광대뼈로 이어진 대관골근(Zygomatic Major)이 수축하며 입꼬리가 위로 올라가게 된다. 그런데 진심으로 미소를 지으면 안구 주위의 눈둘레근(Orbicularis Oculi)도 함께 수축해 눈 바깥쪽이 살짝 조이게 된다. 이러한 미소가 우리를 더욱 우호적이고, 진실하게 보이도록 만드는 것이다.

　눈둘레근은 의식의 통제를 거의 받지 않아 즐거울 때면 자동으로 움직이기 때문에 개인적으로는 '참미소 근육'이라고 부르는 것이 전문 학명보다 훨씬 기억하기 쉽지 않을까 싶다. 어쨌든 이 근육을 우리 마음대로 부리긴 어렵지만 대략적으로 그 효과를 누릴 방법은 있다. 다음번에 사진을 찍을 때 살짝 실눈을 뜨고 일부러 눈가 주름을 만들어보는 것이다. 그러면 나름의 진심 어린 미소처럼 보일 테니 말이다(실제 항공 승무원 교육 과정 중 승객에게 호감을 주는 방법으로 이 방법을 전수한다). 물론 진심으로 기쁘다면 억지로 미소를 만들 필요는 없다. 그러니 사랑하는 사람이 자신을 향해 미소를 짓고 있다고 상상하거나 반려동물이 재롱을 부리는 모습을 상상해보자. 이렇게 상상하는 것만으로도 '참미소 근육'을 움직일 수 있을 테니 말이다.

늘 진심으로 미소를 짓는 일에 유일한 부작용은 눈가 주름이 생기기 쉽다는 것뿐이다. 이미 눈가에 주름이 생겼다면 이는 비교적 진실하고 자상하게 살아온 흔적이라고 생각하자. 눈가 주름을 없애겠다고 보톡스를 너무 많이 맞은 사람들은 오히려 주변 근육까지 마비되어 그야말로 '억지웃음'처럼 보이지 않던가!

그러니 진심으로 당당하게 미소를 지어라! 미소는 적의를 없애고, 우정을 돈독히 하며, 사람의 마음을 어루만지고, 좋은 인연을 불러오기에 충분하다. 미소를 지으면 약해 보일 거라는 생각은 하지 말자. 미소를 지으면 지을수록 자신감이 늘고, 당신의 마음도 덩달아 좋아질 테니 말이다. 그리고 이 명언을 잊지 말자.

세상이 당신의 미소를 바꾸도록 내버려 두지 말고,
당신의 미소로 세상을 바꿔라.

PS. '불가능한 임무'를 완수해 장모님을 활짝 웃게 만든 전 여자 친구의 남편에게 축하의 메세지를 보낸다! 페이스북에서 가족사진을 보았는데, 사진 속 아주머니는 갓 태어난 손녀를 품에 안은 채 활짝 웃고 있었다.

말로 인연을 만들자

마거릿 힐다 로버츠(Margaret Hilda Roberts)는 정치에 대한 열정이 대단했다. 지역구에 적잖은 지지자를 두고 하원의원에 당선되어 정계에 진출한 그녀는 이후 보수당 당수로 선출되며 총선을 기대해 볼 수 있게 되었다. 그러나 1970년대 당시 영국에는 여성 정치인이 극히 드물었기에 그녀에게 가장 큰 숙제는 유권자들에게 그녀가 유능한 지도자라는 믿음을 주는 것이었다.

그런데 한바탕 토론 끝에 그녀의 고문단이 그녀에게 건넨 조언은 뜻밖에도 '목소리를 바꾸라'는 것이었다. 그녀의 홍보 책임자는 이렇게 직언했다.

"당신의 하이톤 목소리에 하늘을 날던 참새도 떨어지게 생겼으니까요!"

정치 입문 초기부터 그녀는 목소리가 날카롭다는 지적을 워낙 많이 받은 데다 '마치 고양이가 발톱으로 칠판을 긁는 듯하다'는 비유까지 나온 상황이었다. 고문단은 유권자들이 그녀를 경망스럽다고 생각할지 모른다고 판단했던 것이다.

이에 그녀는 단호하게 대답했다.

"나의 정치적 입장은 바꿀 수 없지만 목소리라면 바꿀 수 있지요!"

그녀는 발성 코치에게 목소리 톤을 낮추며, 강하고 단호하게 말하는 법을 배워 기존의 말하는 방식을 완전히 바꾸었다.

몇 년 후, 그녀는 영국 최초의 여성 총리에 당선되었다. 그녀가 바로 우리가 익히 알고 있는 '철의 여인' 마거릿 대처다.

목소리는 바꿀 수 있다

수많은 명리학자가 대작으로 꼽는 청나라 중흥의 명신 증국번(曾國藩)의 관상심리서 《빙감(氷鑑)》에 이런 대목이 있다.

'인간의 목소리는 음양오행의 기운과 같이 맑고 탁한 소리로 나뉜다. 맑은 소리는 위로 올라가고, 탁한 소리는 아래로 떨어진다. …… 얼굴을 보지 않고 목소리를 듣는 것만으로도 상대가 영재인지 범재인지 판단할 수 있다.'

마거릿 대처의 이야기는 우리에게 두 가지 사실을 말해준다. 첫째, 인간의 목소리는 바꿀 수 있다는 것. 둘째, '맑은 소리는 위로 올라가고, 탁한 소리는 아래로 떨어진다'지만 정치가에게는 낮은 톤이 높은 톤보다 유리하다는 것이다. 이는 연구 결과를 통해서도 밝혀졌는데, 유권자들은 목소리가 낮고 울림이 있는 후보자를 더 좋아했다. 그들의 목소리에서 신중함과 권위, 유능함이 느껴진다는 이유에서였다. 또한 미국의 800대 상장기업을 분석한 연구 결과에서도 목소리 톤이 낮은 CEO일수록 연봉이 높은 것으로 나타났다.

사람들에겐 모두 타고난 자신만의 목소리가 있다. 트위티(Tweety, 워너브라더스 〈루니 툰〉에 등장하는 노란 카나리아 캐릭터) 같은 목소리를 타고났는데 굳이 마왕의 목소리를 모방할 필요는 없다. 그러나 다른 사람들에게 좀 더 좋은 인상을 심어주고, 좀 더 쉽게 발언 기회를 얻고 싶다면 자신의 목소리를 바꾸는 것이 확실히 도움 된다. 게다가 '목소리'는 '얼굴 생김새'에 비해 바꾸기도 쉽다.

성우는 어떻게 말을 하는지 들어보자

나는 녹음실에서 성우들과 자주 작업을 하는데 전문 성우일수록 녹음 감독의 일도 수월해진다. 캐릭터와 줄거리에 대해서만 간단히 설명해도 그에 딱 맞는 목소리로 단번에 'OK'를 받아내기 때문이다. 때로는 한 사람이 동시에 여러 캐릭터를 소화하기도 하는데, 인자한 할머니였다가 장난꾸러기 어린아이였다가 다시 어여쁜 소녀로 팔색조처럼 다양한 목소리를 내는 그들을 보고 있노라면 대단하다는 생각이 절로 든다.

흥미로운 점은 감독이 따로 디렉션을 주지 않아도 성우들 스스로 목소리의 톤을 결정하는 경우가 많았다는 것이다. 예컨대 부동산처럼 고가 상품의 광고일수록 성우들은 목소리 톤을 낮추었고, 편의점이나 대형 할인마트 같은 광고의 경우 신들린 듯 한껏 목청을 돋우었다. 한편 학자나 특정 분야의 권위자를 연기할 때는 또박또박 대사를 내뱉었으며, 시골 사람을 연기할 때는 사투리를 섞어가며 큰 목소리로 대사를 쳤다. 사람에 따라 어떤 목소리를 내야 '마땅한지' 이미 계산이 다 되어 있는 것처럼 말이다.

물론 남성, 여성에 따라 또 성우에 따라 중후한 목소리, 우렁찬 목소리, 고운 목소리, 귀여운 목소리 등 저마다의 특징이 있었지만 그들의 목소리는 마치 노랫소리처럼 듣기 좋았다. 그중에서도 한 여성 성우의 목소리가 특히 인상적이었다. 그야말로 '모성애'(그녀는 확실히 육아용품 광고를 많이 녹음했다)가 뿜어져 나오는 목소리였기 때문이다. 그것도 일반적인 중년 여성의 자애로움이 아니라 젊고 지적인 여성의 분위기가 느껴지는 그런 목소리 말이다. 단언컨대 그녀의 목소리에는 전화 통화만으로도 뭇 남성의 마음을 사로잡을 충분한 매력이 있었다.

발성의 기술

　비교적 운이 좋고 유쾌한 사람들은 보통 귀에 거슬림 없이 밝고 부드러운, 듣기 좋은 목소리를 가지고 있다. 그들은 목소리를 통해 긍정적인 기운을 발산해 주변 사람들에게까지 영향을 미친다. 반대로 이런 말을 듣는 사람들도 있다.

　"걔는 생긴 건 잘생겼는데, 입만 열면 확 깨지 않아?"

　이것이 꼭 그들이 하는 말의 내용과 연관이 있는 것은 아니다. 보통 사람들은 음색만으로도 충분히 낯선 이에게 많은 인상을 받기 때문이다. 심지어 음색만으로 상대가 좋은 선생님인지, 혹은 좋은 의사인지를 예측하기도 한다. 다시 말하면 목소리 자체가 우리의 인상을 결정하는 데 많은 영향을 주는 셈이다. 그런데 보통 사람들은 자신의 외모를 가꾸는 데에만 힘쓰고, 자신의 목소리를 가꾸는 데에는 신경을 쓰지 않으니 참 안타까운 일이다.

　발성 기술은 다년간 연습을 거쳐야 마스터할 수 있는 일종의 학문이다. 그렇다면 일반인도 이를 습득할 수 있을까? 나는 주변 성우들에게 가르침을 청했고 그들은 이렇게 말했다.

　"듣기 좋은 목소리를 만들려면 첫 번째로 '단전의 힘'을 키워야 해요."

　듣기 좋은 목소리는 목의 상태 및 호흡법과 연관이 있다는 뜻이었다. 예를 들어 어느 날 친구에게 전화를 걸어 "여보세요" 한마디에 그가 방금 잠에서 깨어났다는 것을 알 수 있었다면, 이는 그의 목이 잠겨 비교적 허스키한 목소리가 났기 때문일 것이다. 그러니 자고 일어나면 먼저 가볍게 몸을 푼 다음 양치질로 안면 근육을 풀고 샤워하며 노래 한 곡을 불러보자. 따뜻한 물이 혈액순환을 도와 자연스럽게 목이 풀릴 테니 말이다. 또한 말하기 전에 충분히 숨을 들이마시는 것도 한 방법이다. 그래야 목소리에 힘이 실리기 때문이다. 사람들의 목소리가 쉬이 잠기는 이유는 평소에 너무 얕은 호흡을 해서다. 그러니 다음번에는 회의 전에 천천히 숨을 깊게 들이마신 후 입을 떼보자. 그러면 목소리가 전보다 더 크고 낭랑해져 훨씬 자신감 있게 들릴 것이다.

그리고 또 한 가지, 텔레마케터에게서 배울 수 있는 가장 기본적인 기술이 있다. 바로 말할 때 미소를 유지하는 것이다! 입꼬리를 살짝 올리면 목소리가 밝아지고, 치아를 살짝 드러내면 발음도 정확해진다. 이렇게 말하면 듣는 이에게 밝고 우호적인 느낌을 줄 수 있다. 전화를 통해서도 말이다. 이처럼 간단한 세 가지 방법이면 더 듣기 좋은 목소리를 만들어 좀 더 좋은 인상을 줄 수 있다. 이 정도쯤은 다들 쉽게 할 수 있을 거라 믿는다.

TIP **좋은 목소리를 만드는 세 가지 방법**

❶ 자고 일어나면 먼저 목을 푼다.

❷ 말할 때 숨을 충분히 들이마신다.

❸ 말할 때 미소를 유지한다(특히 전화할 때).

긍정적인 언어를 사용하자

다음 방법은 조금 어려운 편이다. 자신의 언어 습관을 고쳐야 하기 때문이다.

어떤 사람들은 듣기 좋은 목소리로 부정적인 단어가 가득한 말을 하기도 한다. 그러나 막말과 한탄을 일삼으면 다른 사람에게 행운의 신호를 전달할 수 없다. 이런 사람과 어울리면 우리도 그 영향을 받아 부정적으로 변하기 쉽다.

실제로 fMRI(기능적 자기공명영상, 혈류와 관련된 변화를 감지하여 뇌 활동을 측정하는 기술) 촬영 중 'NO'라는 글자를 보거나 말을 들은 피실험자의 뇌에서는 갖가지 스트레스성 호르몬과 신경전달물질이 분비되었다. 피실험자가 직접 부정적인 말을 내뱉었을 때는 그런 효과가 더욱 두드러졌다. 요컨대 부정적인 말은 비단 개인의 사고방식과 소통방식에 영향을 줄 뿐만 아니라 상대에게도 같은 반응을 일으켜 소통의 부정적인 순환을 야기한다. 따라서 긍정적인 생각으로 긍정적인 기운을 발산하고 싶다면, 부정적인 단어를 사용하지 않도록 단어 선택에 각별히 주의를 기울여야 한다.

가족에 대한 예의가 더 중요하다

사실 아시아에서는 이러한 디테일에 많은 주의를 기울이고 있다. 특히 사회생활을 오래 하다 보면 어떤 때 완곡한 표현을 사용해야 하는지, 또 어떤 때 융통성을 발휘해야 하는지에 빠삭해진다. 문제는 밖에서는 예의 바르게 좋은 말을 잘하던 사람이 집에서는 그러지 못하고 가족에게 부정적이고 모진 말을 내뱉는다는 것이다. 아마도 가족은 자신과 가장 가까운 사이이니까 본모습을 감출 필요가 없다는 생각으로 또는 가족이니까 이해해줄 거라는 생각으로 그러는 것일 터이다. 하지만 가족도 사람이다. 아무리 가까운 사이라 해도 감정적인 영향을 받지 않을 수는 없다. 게다가 직장은 바꿀 수 있어도 가족은 바꿀 수 없지 않은가. 매일 얼굴을 마주해야 하는 사람일수록 긍정적인 언어로 대화해야 하는 이유는 바로 이 때문이다.

"떠들지 마!", "그 프로그램 좀 그만 봐!", "밥 먹을 때 스마트폰 보지 말랬지!"와 같은 수많은 부정어는 사실 불명확한 명령에 속한다. 듣는 사람 입장에서는 그저 하던 행동을 멈추라는 말일 뿐, 말하는 사람이 정확히 뭘 원하는지 알 수 없기 때문이다. "지금은 조용히 쉬고 싶어", "다른 프로그램도 봤으면 좋겠는데", "스마트폰 좀 내려놓을래?"라고 바꿔 말한다면 부정적인 말이 주는 자극은 피하고, 자신이 바라는 결과는 분명하게 전달할 수 있다. 이는 아이와의 소통에서 특히 중요하다.

물론 소통에서 부정적인 언어를 완전히 배제할 수는 없다. 'NO'라는 말 역시 나름의 필요성이 있으니 말이다. 다만 이 기회를 통해 다들 자신의 언행에 주의를 기울여 가능한 한 긍정적인 말을 많이 했으면 하는 바람이다. 부정적인 언어는 긍정적인 언어로, 비난은 건설적인 비판으로 바꿔 말로 '업(業)'이 아닌 '덕(德)'을 쌓는다면 행운은 더 빨리 우리를 찾아올 것이다!

세상에서 가장 슬픈 말은 '널 사랑해. 하지만⋯⋯'이고,
세상에서 가장 따뜻한 말은 '⋯⋯ 하지만 널 사랑해'이다.

-출처 미상

자기효능감 높이기

DEVELOPING
SELF-EFFICACY

포기하지 않고 끝까지 정진하는 자세는 운이 좋은 사람이 가진 특징 중 하나다. 많은 사람
이 포기를 선언할 때 그들은 끈기로 난관을 뚫고 나아가 행운의 기회가 찾아올 때까지 노
력을 멈추지 않는다.

세 번은 시도해야 행운을 만날 수 있다

내 아버지는 내가 아는 이들 중에서 가장 성공한 사람에 속한다. 자수성가한 아버지에게는 많은 행운이 따르기도 했다.

내가 태어났을 때만 해도 우리 집은 넉넉한 형편이 아니었다. 엄밀히 말하면 먹고살 만한 수준도 안 되었다. 우리 집은 철도 옆에 허술하게 지어진 무허가 건물이었고, 집 안에 화장실도 없어 이웃과 함께 공용화장실을 사용해야 했다. 그런 탓에 기차가 지나갈 때마다 집 안에는 '지진'이 일어났다.

그해 뛰어난 언변을 가진 아버지에게 기회가 찾아왔다. 〈분초필쟁(分秒必爭)〉이라는 새로운 퀴즈 프로그램의 진행을 맡게 된 것이다. 아버지는 진행부터 대본 작성, 문제 출제까지 전부 도맡아 매일 밤늦게까지 일하셨다. 프로그램은 항상 아버지가 직접 쓴 격려의 한마디로 시작되었는데, 어느 정도 시간이 지나자 오프닝 문구만으로도 책 한 권이 될 정도로 쌓였다. 아버지는 이를 타이완의 여러 출판사에 투고했지만 '편폭이 짧아 분량이 부족하다'는 이유로 모두 퇴짜를 맞았다.

그러나 아버지는 여기서 포기하지 않고 직접 인쇄소를 찾아가 싸게 책을 인쇄해달라고 부탁했다. 그렇게 싼 종이와 잉크로 염가의 제본을 마친 책이 완성되었다. 초판 인쇄 후 판은 바로 제거하였다. 재판을 할 가망이 전혀 없었기 때문이다.

그런데 참 신기하게도 책의 판매량이 갈수록 늘어나더니 문의 전화도 늘기 시작했다. 그러던 어느 날 국방부에서까지 전화가 왔다. 국방부에서 전화가 온다는 건 십중팔구 좋은 일이 아니던 그 시대에 말이다.

수화기 건너편의 그는 말했다.

"류융(劉墉) 선생, 선생의 책 잘 읽었습니다. 문장이 간결하고 내용도 좋은 데다 책을 휴대하기도 간편해 군인들이 읽기에는 그만이더군요. 그래서 책을 몇 권 주문할까 합니다."

출판사 측에서 말한 거절의 이유가 국방부의 눈에 든 이유가 될지 누가 알았겠는가! 책 주문을 받고 아버지와 어머니는 눈물을 흘리셨다. 국방부에서 말한 책 '몇 권'이 실은 수만 권이었기 때문이다.

'형창소어(螢窓小語)'라는 제목의 이 책은 우리 가족의 삶을 완전히 바꿔놓았다. 그림으로 밥벌이하려던 아버지는 어느새 베스트셀러 작가가 되어 수많은 젊은이에게 영향을 주는 사람이 되었다. 당시 아버지가 출판사의 답장을 받고 책을 낼 마음을 접었다면 상황은 또 완전히 달라졌을 것이다.

언젠가 "성공의 열쇠가 뭐라고 생각하세요?"라는 나의 질문에 아버지는 주저 없이 이렇게 답하셨다.

"계이불사."

'계이불사(鍥而不舍)'란 포기하지 않고 끝까지 정진한다는 뜻인데, 영어로 따지면 'Persistence(끈기)'라고 할 수 있다.

동서양을 막론하고 성공한 인사들의 전기 속에 성공 열쇠로 언급되는 것이 바로 이 끈기다. 영어 격언 중에도 'Third time's the charm', 즉 삼세번만의 행운이라는 표현이 있다. 물론 성공한 기업가, 대가들의 끈기와 의지는 보통 삼세번을 훨씬 넘어서지만 말이다. 예컨대 아인슈타인(Albert Einstein)은 상대성 이론을 발견하기 전에 수백 편의 연구 논문을 발표했고, 에디슨(Thomas Alva Edison)은 수천 번의 실험 끝에 비로소 전구를 발명했으며, 피카소(Pablo Picasso)는 수만 장의 그림을 그렸다. 또한 리처드 브랜슨(Richard Branson)은 400여 개의 회사를 창립해 버진 그룹(Virgin Group)을 이루었고, 구글(Google)은 수백 가지의 상품을 출시했으며, 지금도 대박 행진을 이어가고 있는 애플(Apple)조차도 연구 개발 중 90%의 아이디어를 탈락시킨다.

자신이 곧 행운의 시작임을 믿어라

포기하지 않고 끝까지 정진하는 사람에게는 확실히 행운이 따를까? 리처드 와이즈먼이 이런 실험을 한 적이 있다. 스스로 운이 좋다고 생각하는 사람들과 운이 나쁘다고 생각하는 사람들을 한 사람씩 실험실로 불러 그들에게 기하학적인 모양의 퍼즐을 나눠준 것이다. 그런 다음 그는 해당 퍼즐에 쉬운 버전과 어려운 버전이 있는데 그중 하나를 받은 것이라고 설명하며, 눈으로 봤을 때 자신이 받은 퍼즐이 쉬운 버전인 것 같은지, 어려운 버전인 것 같은지를 물었다. 그런데 사실 사람들에게 주어진 퍼즐은 모두 같았다. 애초에 두 가지 버전 따윈 없었던 것이다. 그러나 스스로 운이 나쁘다고 생각하는 사람들 중 60%가 '어려운 버전'을 받은 것 같다고 답한 반면, 운이 좋다고 생각하는 사람 70%가 '쉬운 버전'을 받은 것 같다고 답했다. 와이즈먼은 이런 결론을 내렸다.

'도전에 직면했을 때 스스로 불운하다고 여기는 사람들은 대부분 시작도 전에 미리 포기를 한다.'

이뿐만 아니라 와이즈먼은 두 그룹의 사람들에게 각각 3D 블록 퍼즐을 맞춰보라고 했다. 이번에는 퍼즐의 난이도에 대해 언급하지 않았다(실은 거의 맞출 수 없는 수준이었다). 그렇게 피실험자들은 퍼즐을 맞추기 시작했고 스스로 불운하다 여기는 사람들은 20분이 채 되지 않아 포기를 선언했다. 그러나 스스로 운이 좋다고 생각하는 사람들은 퍼즐을 맞추기 위해 대부분 30분 이상을 골몰했고 조금 더 시간을 달라고 요구하는 사람도 적지 않았다. 그들은 자신이 퍼즐을 맞추지 못할 리 없다고 생각한 것이다.

이렇듯 '포기하지 않고 끝까지 정진하는' 자세는 운이 좋은 사람이 가진 특징 중 하나가 분명하다. 많은 사람이 포기를 선언할 때 그들은 끈기로 난관을 뚫고 나아가 행운의 기회가 찾아올 때까지 노력을 멈추지 않는다.

'준비'가 '기회'를 만나는 것, 그게 바로 '행운'이다.

그러나 포기하지 않고 끝까지 정진하기란 말처럼 그리 쉽지 않다. 오죽하면 어른들이 "이 악물고 견뎌라", "고생 끝에 낙이 오는 법이 다"라고 하겠는가. 성공에는 초인적인 인내와 군건한 의지 혹은 우공이산(愚公移山, 우공이 산을 옮긴다는 말로, 한 가지 일을 끝까지 밀고 나가면 언젠가는 목적을 달성할 수 있다는 뜻)의 뚝심이 필수인 양 말이 다. 그런데 여기서 한 가지 의문이 든다. 열심히 참고 일하는 것만이 성공의 열쇠라면 성공한 사람이 더 많아야 하지 않을까? 우리 주변 에만 해도 평생을 소처럼 묵묵히 일에 몰두하는 사람이 얼마나 많 은가? 각자의 자리에서 우직하게 최선을 다하고도 행운의 문을 두 드리지 못한 사람이 얼마나 많은가 말이다.

그렇다면 끈기와 행운 사이에 플러스알파의 무언가가 있는 게 아 닐까? 인내심의 한계에 부딪혔을 때 자신의 줏대 없음을 탓하지 않 고, 다시 의지를 다져 실패에 맞설 수 있게 해주는 결정적 요소는 무 엇일까?

나는 20세기 가장 영향력 있는 사회심리학자로 손꼽히는 앨버트 반두라(Albert Bandura)의 심리학 문헌에서 그 실마리를 찾았다. 1960년대에 반두라는 공포증 환자에 관해 연구했다. '행동심리학' 이 대세였던 당시 반복적인 훈련을 통해 누구든 공포를 이겨낼 수 있다는 것이 정설이었지만, 반두라는 공포를 이겨내는 결정적 요소가 환자의 신념에 달려 있다는 사실을 발견했다. 행동심리학의 기존 이론을 뒤엎는 개념인 만큼 그는 은밀히 연구를 진행했고, 그 결과 1970년대에 '자기효능감(Self-Efficacy)'이라 명명한 자신의 이론을 발표했다. 반두라의 정의에 따르면 자기효능감은 '자신에게 어떤 일을 성공적으로 수행할 수 있다고 믿는 자신의 능력에 대한 믿음'을 뜻한다. 다음의 예시를 살펴보자.

❧ 내가 어려움 앞에서도 냉정할 수 있는 이유는 나의 문제 처리 능력을 믿기 때문이다.
❧ 어떤 문제가 생겨도 난 늘 대처 방법을 생각해낸다.
❧ 필요한 노력을 기울이면 나는 어떤 난제도 해결할 수 있다.

자기효능감이 높은 사람이라면 위의 말에 공감했을 것이다. 그럼 이번엔 이렇게 비교해보자.

자기효능감이 높은 사람	자기효능감이 낮은 사람
문제를 극복해낼 수 있는 도전으로 여김 일할 때는 전심을 다해 몰두함 좌절의 상실감을 비교적 빨리 털어냄 자신의 삶과 취미에 열정이 가득함	되도록 도전을 피하려고 함 어려운 일은 자신의 능력 밖이라고 생각함 실패한 경험을 자주 곱씹음 자신의 능력에 대한 믿음을 쉽게 잃어버림

자기효능감은 자신감과는 다르다. 능력 없는 자신감은 자아도취에 불과하기 때문이다. 물론 단순한 끈기와도 차이가 있다. 자기효능감은 소위 '엉덩이의 힘'이 아니라 문제를 해결하고 상황에 대처하는 유연한 사고력과 연관이 있기 때문이다. 요컨대 자기효능감이 높은 사람이 노력을 지속할 수 있는 이유는 '나에겐 능력이 있으며, 그렇기에 반드시 목표에 도달할 수 있다'라는 자신에 대한 믿음이 있어서다.

자기효능감은 현재 긍정심리학에서 가장 인기 있는 연구 주제로, 그 효과를 입증한 연구만도 셀 수 없을 만큼 많다. 특히 교육, 직장 생활, 자기관리, 운동, 건강 분야와 뚜렷한 연관이 있는 것으로 드러났다.

내가 관찰한 바에 따르면 내 아버지의 '계이불사'는 지기 싫어하는 마음(이런 마음이 정말 강하다)과 호기심에서 비롯되었다고 해도 과언이 아니다. 가끔은 정말 어린아이 같다는 생각이 들 정도로 실험광이기 때문이다. 예전에 뉴욕 근교에 살았을 때는 이웃의 만류에도 꿋꿋하게 뒷마당에 텃밭을 일구었는데 이를 위해 얼마나 많은 노력을 했는지 모른다. 사실 우리 집 뒷마당은 토양이 좋지 않아 작물을 키우기엔 적합하지 않았다. 이웃들도 이를 알기에 괜한 고생 말라며 만류했던 것이다. 그러나 아버지는 책을 뒤져 자료를 조사하고, 꽃집 점원에게 가르침을 청하는 등 텃밭 일구기를 향한 열정을 불태웠다. 심지어 나를 데리고 숲으로 가 그곳의 흙을 퍼 나르기도 했다. 이렇게 다양한 시도 끝에 10평 남짓한 우리 집 뒷마당엔 10여 가지의 작물이 자라났는데, 그중에는 팔뚝만 한 오이는 물론 주먹만 한 토마토도 있었다.

사실 내 아버지의 '계이불사'는 확실히 '자기효능감'과 닮아 있었던 것이다.

나는 내가 낙관주의자임을 인정한다.
아무리 어려운 문제라도 순리적으로 해결할 수 있다고 믿기 때문이다.

-빌 게이츠(Bill Gates)

영리하게 버티기

행운을 부르는 심리적 요소를 연구하기 위해 나는 설문조사를 실시했다. 자신의 삶에 어느 정도 만족하는지, 자신에게 얼마나 운이 있다고 생각하는지, 또 자신이 가진 인간관계, 소통, 심리적 문제는 무엇인지를 묻는 설문 항목을 만들어 인터넷에 올린 것이다. 나는 이를 통해 한 사람의 운에 가장 많은 영향을 미치는 심리적 요소가 무엇인지 알고 싶었다. 그리고 운 좋게도 8,000건에 육박하는 응답을 받아 다음과 같은 통계를 낼 수 있었다.

행운과 가장 관련이 높은 심리적 요소

❶ 자기효능감(r=.759, p 〈 .001)

❷ 긍정적인 태도(r=.723, p 〈 .001)

❸ 생각 전환 능력(r=.677, p 〈 .001)

전반적인 삶의 만족도와 가장 관련이 높은 심리적 요소

❶ 자기효능감(r=.508, p 〈 .001)

❷ 인생에 보람이 있다는 느낌(r=.503, p 〈 .001)

❸ 마음의 편안함(r=.472, p 〈 .001)

솔직히 말하면 놀라운 결과였다. '자기효능감'이 분명 행운과 관련 있으리라 생각하긴 했지만, '긍정적인 태도'나 '생각 전환 능력'보다도 중요할 줄은 몰랐기 때문이다. 게다가 삶에 대한 만족도에서도 1위를 차지했다는 건 자기효능감이 높은 사람일수록 삶에 대한 만족도도 높다는 뜻 아닌가!

이 결과 때문에 나는 원래 계획했던 신간의 개요를 수정해 이 챕터를 추가해야 했다. 자기효능감 자체가 끈기와 깊은 관련이 있는 만큼 특별히 짚고 넘어가야 마땅하다고 생각했기 때문이다. 자기효능감은 '영리하게 버티기'를 가능하게 하는 힘이자 '끈기의 원천'이라고 할 수 있으니 말이다.

자기효능감을 높이는 훈련

　그렇다면 우리는 어떻게 해야 자신의 자기효능감을 높일 수 있을까? 자기효능감과 행운의 관계는 또 어떻게 해석해야 할까? 이를 그림으로 설명하자면 다음과 같다.

　그림 속 두 개의 낱말카드는 자기효능감에 없어서는 안 될 중요한 요소다. 넘치는 능력을 갖고도 신념이 부족한 사람은 다가온 기회 앞에 지레 겁을 먹고 움츠러들며, 자신감은 있으나 능력이 부족한 사람은 기회를 잡더라도 금세 밑천이 드러나게 마련이다. 소위 자기효능감을 만드는 '황금비율', 즉 능력과 신념을 모두 겸비한 상태여야 자신에게 다가온 기회를 잡아 이를 잘 활용할 수 있다.

한편 자기효능감의 세 번째 요소는 바로 그림 속의 사람에 해당하는 동력(Agency)이다. 능력과 신념이 있어도 동력이 없으면 아무것도 할 수 없다. 그렇다면 동력의 원천은 무엇일까? 보통 사람들의 동력은 압박감에서 비롯된다(빚이 있거나 부양해야 할 가족이 있다면 더 필사적일 수밖에 없다). 그러나 자기효능감을 촉진하는 동력은 어려움을 극복해 일을 잘 처리하고 싶다는 마음에서 비롯된다.

행운의 기회가 다가오고 있다면 능력과 신념을 합쳐 몸을 움직여야 한다. 그래야 행운을 내 것으로 만들 수 있다.

이상적인 환경에서라면 이 세 가지 요소가 서로 상부상조하며 선순환을 만들어낼 것이다. 자신의 동력으로 능력을 쌓고, 이로써 신념을 얻으면 다시 더 큰 동력이 생길 테니 말이다. 그러나 우리 인생은 그렇게 이상적이지 않다. 성장 과정 중 겪는 실패와 좌절, 타인의 비방, 불운의 경험들은 우리의 신념을 갉아먹고, 삶의 무게는 우리의 열정을 앗아 간다. 겁이 늘고, 늘어난 겁만큼 능력도 따라 위축되며 악순환을 만들어내는 것이다. 그렇다면 이럴 때는 어떻게 해야 할까? 자기효능감을 되찾아 다시금 행운 사냥에 나설 방법은 없을까?

물론 있다! 그럼 자기효능감을 갖기 위한 세 가지 기본 요소를 하나씩 살펴보자.

신념을 키우는 비결: '작은 성취' 쌓기

당신이 재채기할 때마다 비가 내렸다면 당신은 재채기와 비가 절대적인 연관이 있다고 믿게 될 것이다. 우리의 신념은 이전의 경험을 바탕으로 하기 때문이다. 반복된 시도에 모두 같은 결과를 얻은 경험은 매우 굳건한 신념을 만들기에 충분하다.

따라서 떨어진 자신감을 회복하기 위해서는 스스로 목표를 세우고, 그 목표를 달성할 때마다 얻게 되는 긍정적인 효과를 직접 누릴 필요가 있다. 여기서 포인트는 시작부터 너무 거창한 목표를 설정할 게 아니라 스스로 조금만 노력하면 달성할 수 있는 소소한 목표를 설정해야 한다는 점이다.

예전에 내가 나이키 퓨얼밴드(Nike Fuelband)를 구매했을 때를 예로 들어보자. 퓨얼밴드는 웨어러블 스마트 기기로, 팔찌처럼 차고 다니면 도보 수와 칼로리 소모량이 자동 계산되어 퓨얼포인트라는 점수로 환산되었다. 스마트폰 전용 앱과 연동해 목표 달성 현황을 확인하고 과거 데이터를 관리할 수도 있었다. 퓨얼밴드를 착용하고 이틀이 채 되지 않았을 때 내 퓨얼밴드 앱으로 메시지가 날아왔다.

'5,000퓨얼포인트 적립을 축하합니다!'

스마트폰 화면에는 노래하고 춤을 추며 여기저기 꽃을 뿌리는 꼬마까지 등장해 나의 이 대단한 성과를 축하해주었다. 그리고 며칠 후 '1만 포인트 달성을 축하합니다! 대적할 상대가 없네요!!'라는 메시지와 함께 또다시 꼬마가 등장해 꽃을 뿌렸다.

사실 온종일 누워 있지 않고서야 일상생활 중 1만 포인트를 쌓는 것은 일도 아니었다. 그러나 목표 달성 깃발이 하나둘 늘어날 때마다 왠지 뿌듯한 기분이 들었다.

문제는 그다음 스테이지부터였다. 다음 목표가 1만 5천 포인트가 아닌 2만 5천 포인트였고, 그다음은 또 5만 포인트로 간격이 점점 커졌기 때문이다. 그러나 처음부터 작은 성취를 경험한 나는 다음 목표를 향해 기꺼이 더 몸을 움직였고, 그렇게 50만 포인트에 도달한 어느 날, 더 이상 점수 때문이 아닌 운동을 위한 운동을 하는 나를 발견할 수 있었다.

이 시스템의 장점은 단연 똑똑한 스테이지 설계에 있었다. 시작은 누구나 쉽게 달성할 수 있는 목표치를 설정해 성취의 단맛을 보게 한 다음 조금씩 목표치를 높임으로써 평소 운동을 거의 하지 않던 사람도 더 많이 움직이게끔 유도했기 때문이다.

그런데 초반에 무료로 증정되는 '작은 성취'도 이와 같은 효과를 낸다. 한 세차장에서 고객들을 두 그룹으로 나눠 포인트 카드를 발급한 적이 있다. 첫 번째 그룹에게는 8포인트 적립 시 1회 무료 세차 기회를 얻을 수 있는 카드를, 두 번째 그룹에게는 10포인트를 적립해야 무료 세차 혜택을 받을 수 있지만 이미 2포인트가 무료로 적립되어 있는 카드를 발급했다. 다시 말하면 두 그룹 모두 8포인트를 적립해야 한다는 조건에는 차이가 없었다. 그러나 이후의 결과는 확연히 달랐다. 몇 개월 후, 첫 번째 그룹은 19%만이 무료 세차 서비스를 받은 반면, 두 번째 그룹은 34%나 무료 세차 서비스를 받았다. 게다가 그들은 첫 번째 그룹의 고객들보다 더 빨리 목표를 달성했다. 결론적으로 공짜로 받은 2포인트가 사람들의 목표 달성 욕구를 자극한 셈이다.

TIP

어떤 일을 시도해 빠르게 신념을 키우고 싶다면 처음 목표는 작은 성취를 경험할 수 있도록 살짝 낮게 설정하는 것이 좋다. 그 작은 성취의 쾌감이 신념을 키워 목표를 높여갈 힘을 줄 테니 말이다.

능력을 키우는 비결: 피드백을 확인해 끊임없이 수정하기

프린스턴대학교를 갓 졸업했을 때만 해도 티모시 페리스(Timothy Ferris)에게는 이렇다 할 삶의 목표가 없었다. 한 컴퓨터 회사에 취업해 많지 않은 연봉을 받으며 한동안 무미건조한 삶을 살던 그는 이내 회사생활을 접고 당시 유행하기 시작한 SNS를 활용해 비타민을 팔기 시작했다.

그렇게 6년 후 그는 큰돈을 벌었고, 자신의 경험을 책으로 엮어 베스트셀러 작가로서 이름을 올리기도 했다. 이뿐만이 아니었다. 그사이 티모시 페리스는 수영할 줄 모르는 맥주병에서 프로 뺨치는 수영 실력자로 거듭났다. 또한 자칭 몸치인 그가 몇 개월 후 아르헨티나에서 열린 탱고 대회에서 쟁쟁한 베테랑들을 제치고 수상의 영예까지 안았다. 그가 이렇게 달라질 수 있었던 비결은 무엇일까?

그가 자신의 책에서 언급한 비결은 아주 간단했다

❶ 다른 사람들은 어떻게 하는지 유심히 관찰하라(Observe).

❷ 일을 작은 단위나 단계로 쪼개라(Deconstruct).

❸ 중요도에 따라 단계를 재설정하라(Sequence).

❹ 되도록 단계를 간소화하고 잘못된 부분이나 발전시킬 부분은 없는지 끊임없이 관찰하라(Test).

❺ 기술을 완벽히 내 것으로 만들 때까지 부단히 반복하라(Repeat).

사실 이 '속성 학습법'은 관찰, 분해, 실험, 조정을 거치는 과학적 방법과도 매우 유사한데, 이 중에서 핵심은 단연 마지막 단계다. 실험 후의 피드백과 조정 없이는 개선도 발전도 기대할 수 없기 때문이다.

이는 춤 연습실에 거울이 필요하고, 요리사가 끊임없이 음식의 맛을 봐야 하는 이유이기도 하다. 즉각적이고 지속적인 피드백이 있어야 좀 더 빠르게 잘못된 부분을 바로잡을 수 있으며 나아가 학습 효율을 배가할 수 있다.

일을 소단위로 쪼개 반복적으로 연습하기

바이오피드백(Biofeedback)은 현재 뇌신경 연구 분야에서 가장 각광받는 행동치료 기법이다. 심장박동, 뇌파, fMRI 등을 통해 피검자에게 실시간으로 신체의 변화에 대한 피드백을 제공함으로써 피검자 스스로 신체 활동을 관찰하고 의식적으로 이를 조절하도록 유도하는 것이다. 이 방법으로 훈련하다 보면 일반인도 자신의 의지로 뇌파를 바꾸고, 심장박동 속도, 혈압 등을 조절해 통증까지 제어할 수 있다. 해탈의 경지에 이른 고승만이 가능했던 일을 이제는 대중도 할 수 있게 된 것이다. 그러니 자신의 능력을 빠르게 높이고 싶다면 속성 학습법을 활용해보자.

복잡한 과정을 개별적으로 연습 가능한 소단위로 쪼갠 뒤,

끊임없이 시도하고 조정하고 또 기록하자.

그리고 이렇게 피드백을 한 후에는 다시 수정하자.

유창한 영어 실력을 원한다면 미국 뉴스 앵커가 진행하는 뉴스를 녹음해 이를 따라 말하고, 다시 듣기를 반복하며 연습을 해보는 것이다. 한편 멋진 춤 선을 가지고 싶다면 자신이 춤추는 모습을 촬영해두었다가 이를 되돌려보며 부족한 부분들을 하나하나 개선해나갈 수 있다.

피드백 과정에서 조금씩 발전하는 자신의 모습을 확인할 때 신념도 자연스럽게 상승하는 법이다.

동력을 더하는 비결: '~해야 해'를 '~하겠어!'로 바꾸기

큰 프로젝트 마감일이나 기말고사를 앞두고, 혹은 영업 실적을 쌓기 위해 여러 고객을 만나느라 등등 정신없이 바빴던 한 주를 떠올려보자. 내일 해야 할 일을 떠올리는 것만으로도 잠 못 이루던 그때, 매일 아침 일어날 때마다 당신은 어떤 기분이었는가?

자, 그럼 이번엔 내일이면 외국으로 긴 휴가를 떠난다고 상상해보자. 당신은 지금 침대에서 여행 책자를 뒤적이며 일정을 계획하고

있다. 관광지 중 어디를 둘러볼지, 쇼핑은 어디에서 할지, 꼭 먹어야 할 특산물은 무엇인지……. 잠 못 이루긴 마찬가지여도 기분은 완전히 다르지 않은가?

보통 사람들은 외국으로 여행을 떠나면 평소보다 더 많이 걷고, 더 많은 사람을 만나며, 새로운 환경에 온몸으로 부딪친다. 출근할 때보다 더 빡빡한 일정을 소화하지만 여전히 즐겁기만 하다. 왜? 하나는 해야만 하는 일이고, 다른 하나는 자신이 원해서 선택한 일이기 때문이다.

이는 취미가 직업이 되고 갑자기 재미가 없어졌다는 사람이 많은 이유이기도 하다. 아무리 재미있는 일이라도 '반드시 해야만 하는' 일이 되면 동력이 크게 떨어지게 마련인 것이다.

이럴 때는 이렇게 끊임없이 자신을 일깨우는 것이 도움 된다.

"이건 내가 원해서 하는 일이야!"

Try this 2

매일 잠들기 전, 내일 꼭 해야 할 일들을 나열해보자. 단, 이를 적을 때는 다음과 같이 '~하겠어(I want)'라고 적자.

보고서 작성을 위해 인터넷 서핑을 하겠어.
세 명의 고객에게 전화를 걸겠어.
책상 위에 놓인 서류들을 처리하겠어.

다 적은 후에는 다시 소리를 내어 읽어보자. 글로 쓰고, 읽는 과정을 통해 이성적 사고와 감성적 잠재의식을 동시에 작동시켜 '이건 내가 원해서 스스로 선택한 일이야'라고 자기 자신을 설득할 수 있을 테니 말이다. 이렇게 지속하다 보면 얼마 후에는 전보다 더 적극적이고 긍정적으로 변한 자신을 발견할 것이다.

♣　♣　♣

1년 중 피트니스 클럽이 가장 성업하는 때는 바로 1월이다. 왜? 새해가 되면 다이어트를 하겠다며 피트니스 클럽에 등록하는 사람이 많기 때문이다. 물론 다들 처음엔 '좋아, 건강한 아름다움을 위해

S라인을 만들고야 말겠어!'라고 의지를 불태우며 이를 실행에 옮긴
다. 그러나 어느 순간 일이 바빠지고 야근이 늘다 보면 '하, 또 피트
니스 클럽에 가야 하잖아? 피곤한데 다음에 가자!'라고 생각이 바뀌
게 된다. 문제는 이렇게 한 번, 두 번, '하고야 말겠다는 다짐'이 '해
야만 하는 일'로 변질될수록 몸을 움직이고 싶은 생각은 더욱 멀리
달아난다는 사실이다. 스트레스를 멀리하기 위해 스스로 핑계를 찾
는 것이 인간의 본성이기 때문이다. 그런 까닭에 3, 4월이 되면 사람
들로 붐비던 피트니스 클럽이 다시 한산해지는 것이다.

어떤 이들은 이러한 현상을 보며 '굳이 목표에 집착하며 살 필요
가 없다'고 말하지만 나는 이 말이 절반은 맞고, 절반은 틀리다고 생
각한다. 여기서 중요한 점은 '목표'가 우리의 삶을 주도하도록 두어
서는 안 된다는 사실이다.

자신의 삶은 자신이 주도해야 한다.
매일의 선택이 자신의 목표에 다가가는 길이 되도록 말이다.

나는 할 수 있어, 나는 믿어, 나는 원해

새로운 도전과 목표 앞에 우리는 늘 흥분하고 또 긴장한다. 물론
긴장이 꼭 나쁜 것만은 아니지만, 마음속의 두려움이 우리에게 마

땅히 있어야 할 '자기효능감'을 무너뜨리는 일은 없도록 해야 한다. 자기효능감의 효과는 매우 강력하다. 그러나 사람마다 상황별로 필요한 자기효능감은 다 다르다. 자기효능감 중 능력을 보강해야 할 때도 있고, 자신감을 충전해야 할 때도 있으며, 스스로를 응원해야 할 때도 있다. 이 세 가지 요소가 상황에 맞게 적절한 균형을 이뤘을 때 비로소 능력과 신념, 동력이 서로를 보완하는 선순환을 이룬다.

그리고 이렇게 자기효능감이 높아질 때 '행운을 낚는 그물'이 펼쳐진다. 이때 기회를 만나면 이를 쟁취하기 위해 적극적으로 움직이고, 도전에 직면해도 이를 극복해낼 수 있으며, 좌절 앞에서도 은근과 끈기를 발휘할 수 있다.

티모시 페리스의 첫 번째 저서는 25번이나 퇴짜를 맞은 후에야 비로소 세상에 빛을 볼 수 있었다고 한다. 출판 계약을 맺은 후 티모시 페리스는 물었다.

"궁금해서 그러는데 왜 제 책을 출판하기로 결정한 겁니까?"

이에 출판사 측이 답했다.

"솔직히 당신의 책에 대한 확신은 없습니다. 하지만 '당신'이라는 사람에게 배팅해보고 싶다는 생각이 들더군요. 스물다섯 번이나 퇴짜를 맞고도 계속 출판사의 문을 두드리는 작가라면 분명 작품의 성공을 위해 모든 노력을 쏟아부을 테니까요."

이렇게 출간된 《4시간(The 4-Hour Workweek)》은 엄청난 반향을 일으키며 〈뉴욕타임스〉, 〈월스트리트저널〉, 〈비즈니스위크〉의 베스트셀러 1위에 올랐고, 무려 4년이 넘는 시간 동안 베스트셀러 목록에 이름을 올리며 출판계의 새로운 기적을 일궈냈다.

티모시 페리스의 성공담은 과거 내 아버지의 경험과도 꼭 닮았다. 두 사람에게는 모두 행운이 따랐다. '포기하지 않고 끝까지 정진한' 덕분에 말이다.

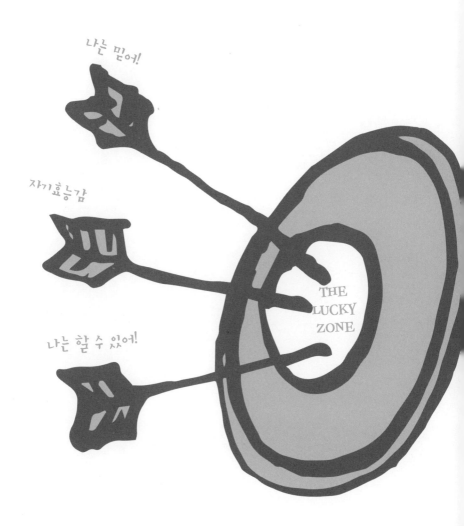

HABIT 3
감사일기 쓰기

THE
POWER
OF
GRATITUDE

감사할 줄 아는 행운아는 다른 사람에게 더 많은 행운을 가져다준다. 마찬가지로 인과론을 믿으며 타인에게 행운을 베푼다면 머지않아 그 행운이 당신에게 되돌아올 것이다. 당신이 긍정의 물결을 일으켰으니 말이다. 감사하는 마음을 행동으로 옮길 때 그 작은 움직임에 행운의 기적은 눈덩이처럼 불어날 수 있다!

감사하는 마음이 곧 위대한 일을 만들어내는 위대한 마음이다.

-플라톤(Plato)

이 책에서 꼭 읽어야 할 한 챕터를 꼽으라면, 나는 이 챕터를 추천하고 싶다. 당신을 운 좋은 사람으로 만들어줄 최고의 비법을 담아서가 아니라 행복한 사람으로 거듭날 방법을 담았기 때문이다.

이 책을 집필하며 모든 연구와 연습을 마친 끝에 내가 발견한 사실이 있다. 바로 '감사하는 마음을 갖는 것'이 다른 무엇보다 더 쉽게, 더 빨리 긍정에너지를 높일 심리 습관이라는 사실이다.

수많은 연구를 통해 증명된 감사할 줄 아는 사람들의 특징

♣ 긍정적이다.

♣ 활력이 넘친다.

♣ 친구가 많다.

♣ 슬기롭게 감정생활을 한다.

♣ 좌절을 직시할 줄 안다.

♣ 주도적인 삶을 산다.

♣ 잠을 잘 잔다.

♣ 더 많이 운동한다.

♣ 저항력이 강하다.

♣ 더 많은 돈을 번다.

이런 특효약이 또 어디 있단 말인가! 고대 로마의 철학자 키케로 (Cicero)는 '감사하는 마음이야말로 가장 위대한 미덕이자 모든 미덕의 어머니'라고 말했다. 수많은 종교에서도 자신에게 주어진 것에 늘 감사하라고 강조한다. 예로부터 이어져 내려온 이러한 지혜는 오늘날 긍정심리학의 핵심 중 하나이다.

감사할 줄 아는 사람이 아름답다

감사할 줄 아는 사람은 비교적 긍정적이며 스스로 운이 좋다고 생각하는 편이다. 그런데 이들은 과연 감사할 줄 알기에 운이 따르는 걸까, 아니면 운이 좋아서 감사하는 마음을 갖는 걸까? 사실 이는 '정적 강화(Positive Reinforcement, 바람직한 특정 자극을 제공함으로써 그 행동의 발생 빈도를 증가시키는 것)'의 쌍방향 관계에 있다. 예를 들어보자. 한 연구 실험에서 점원이 고객에게 직접 감사 전화를 걸었더니 전화를 받은 고객들의 다음번 소비 금액이 70%나 상승한 반면, 전화를 받지 못한 고객들의 소비 금액에는 변화가 없었다. 또 다른 연구 결과에 따르면 식당 종업원이 계산서에 'Thank you!'라고 적었을 때 손님들이 더 많은 팁을 남긴 것으로 드러났다. 고맙다는 말이 칭찬과 같은 효과를 일으켜 감사 인사를 받은 사람을 기분 좋게 만들었고, 이로써 감사를 표현한 상대에게 더 많은 도움을 주고 싶게 만든 것이다. 물론 이 경우 더 많은 팁을 받은 종업원도 기분이 좋아져 긍정적인 순환을 형성하게 되었다.

그런데 자기 자신에게 감사하는 일 또한 긍정적인 순환을 만들어 낼 수 있다. 작가 제프리 제임스(Geoffrey James)는 말했다.

"평생의 성공을 좌우하는 열쇠는 항상 감사하는 마음을 갖는 것이다. …… 감사할 줄 아는 사람은 자신의 삶에서 일어나는 좋은 일들을 쉽게 알아차리고, 자신의 성과를 마음껏 누리기 때문이다. 그런 까닭에 더욱 적극적으로 성공을 추구하며 일이 생각처럼 잘 풀리지 않아 좌절할 때도 평상심을 유지할 줄 안다."

그렇다면 어떻게 해야 이런 마음을 가질 수 있을까? '긍정심리학의 아버지'라 불리는 마틴 셀리그만(Martin Seligman)이 다양한 감사 표현방식을 실험해 찾아낸 가장 효과적인 방법은 바로 감사 편지를 써서 직접 전달하는 것이었다. 이렇게 하자 행복지수가 10% 상승했고, 우울지수 역시 대폭 하락해 그 효과가 1개월가량 지속되었다. 이후 그는 이보다 더 간단하지만 효과는 더 오래 지속되는 방법을 발견했는데, 그게 바로 감사 일기를 쓰는 것이었다.

Try this 3

조용한 곳을 찾아 감사하다고 생각되는 사람이나 사건, 사물 열 가지를 종이에 나열해보자. 이때 되도록 감사한 이유를 함께 적는다. 예컨대 '오늘의 태양에 감사해'라고 적기보다는 '나의 살갗에 따뜻한 햇살을 비춰 포근함을 준 오늘의 태양에 감사해'라고 적는 것이다. 이유는 구체적일수록 좋다. '우리 고양이에 감사해'보다는 '내게 다가와 애교를 부려준 우리 고양이에 감사해'라고 적는 것이 좋다.

물론 '~하지 않은 것'도 감사한 일이 될 수 있다. '아프지 않은 것에 감사해'처럼 말이다. 다만 가능한 한 긍정적인 표현으로 다듬어 '최근 몸이 아주 건강한 것에 감사해'라고 적어보자.

감사할 만한 사람, 사건, 사물 열 가지가 단번에 떠오르지 않는다면 이렇게 분류해보는 것도 한 방법이다. 1~2번에는 몸과 건강에 관한 감사, 3~4번에는 음식과 거주에 관한 감사, 5~6번에는 가족과 친구들에 대한 감사, 7~8번에는 학업이나 일에 대한 감사, 9~10번에는 최근 일어난 일에 대한 감사를 각각 나눠 적는 것이다.

♣　♣　♣

열 가지를 적는 것이 많게 느껴질 수도 있지만 감사하는 마음에 시동을 걸려면 처음에는 조금 더 힘을 들일 필요가 있다. 이것이 익숙해지면 이후에는 매일 세 가지씩만 적어도 좋다. 다른 사람과 공유할 필요 없는 자신만의 '감사 일기'를 쓴다고 생각하면서 말이다. 마틴 셀리그만의 연구 결과에 따르면 1주일간 꾸준하게 이 연습을 한 후 거의 모든 사람이 더 행복해진 것 같다고 느꼈다. 게다가 감사 일기를 쓰는 동안 효과가 유지되어 6개월 후에도 사람들은 여전히 마음가짐을 바꾸는 데 감사 일기의 도움을 받을 수 있었다. 그래서 인지 실험이 끝난 후에도 대부분의 피실험자는 계속 감사 일기를 썼다고 한다. 효과가 탁월하다는 생각에 저절로 습관이 되었기 때문이다!

나도 자기계발에 도움이 된다는 여러 심리학책을 읽었지만, 이보다 더 쉽고 효과적인 방법은 없었다. 하지만 '감사 일기 쓰기'에도 주의할 점이 있다. 방금 전 자신이 나열한 열 가지 감사 항목을 살펴보자. 이 중 누군가에게 신세를 져서 혹은 다른 어떤 이유로 '보답'

해야 하는 일이 있다면 해당 항목 옆에 체크 표시를 해보자(예를 들면 친구가 돈을 빌려줘서 언젠가는 갚아야 하는 상황 등). 갚을 필요가 없거나 애당초 갚을 방법이 없는 일에는 체크할 필요가 없다. 이는 고마운 일에 대한 당신의 '부채감'을 알아보기 위한 테스트다.

고마움과 부채감

최근 연구를 통해 '감사하는 마음'에도 두 가지 종류가 있다는 사실을 발견했다. 바로 어떠한 이익을 얻었을 때 진심으로 상대에게 감사하는 마음인 '고마움(Gratitude)'과 감사한 동시에 빚을 졌다고 느껴지는 마음인 '부채감(Indebtedness)'이 그것이다. 이 두 가지는 완전히 다른 심리 상태로 서로 다른 반응을 일으킨다.

값을 매길 수 없는 아름다움에 주의를 기울이자

마음에서 우러난 고마움은 상대와의 거리를 좁혀 일종의 행복감을 주지만 부채감은 난처함을 동반해 심리적인 부담을 안긴다. 문제는 어떤 종류의 부담이든 모두 부정적인 정서에 속하기 때문에 부채감이 많을수록 기존의 호감이 상쇄되고 심지어 상대를 피하고 싶은 생각마저 들게 된다는 것이다.

연구에 따르면 사람들은 자신의 예상보다 더 큰 선물을 받았을 때 미안함을 느낀다고 한다. 그런데 이때 선물을 준 사람이 '너 내게 빚진 거야'라는 암시를 주자 원래 고마웠던 마음이 부채감으로 변해 오히려 서로에 대한 호감이 줄어드는 것으로 나타났다. 꼭 큰 선물이 아니더라도 선물을 준 사람이 무언의 압박을 가하기만 하면 그 선물은 곧 빚이 되었다. 그러니 어느 채무자가 채권자를 좋아할 수 있겠는가! 따라서 선물할 때는 각별히 주의를 기울여야 한다. 선물할 거면 이것저것 재지 말아야 하며, 답례를 바라는 듯한 눈치도 절대 주어서는 안 된다.

혹자는 "세상에서 가장 갚기 어려운 빚이 인정이다!"라고 말하는데, 실제로 동양 사람들은 인정을 중시하며 선물하길 좋아한다. 인정은 값을 매기기 어려운 선물이라고 생각하기 때문이다. 그래서 일부 수완가는 연줄을 대는 방법으로 선물과 인정을 이용하기도 한다. 다만 안타까운 점은 이러한 관행이 굳어지면서 사람들이 더 이상 진정한 성의가 무엇인지를 느끼기 어려워졌다는 사실이다. 선물이나 이익을 얻었을 때 입으로는 고맙다고 말하지만 내심 상대의 목적을 생각하지 않을 수 없게 된 것이다. 특히 이러한 심리 상태는 여성보다 남성에게서 더 두드러지게 나타난다. '사회생활을 하면서 진 빚은 반드시 갚아야 한다'는 믿음이 강하기 때문인데, 그러다 보니 지나치게 계산적이 되어 진심으로 다가오는 인연도 쉽게 오해하곤 한다.

자신이 적은 감사 목록 중 절반 이상에 체크 표시를 했다면, 마음의 빚을 졌다는 생각 때문에 고마운 마음이 가져다주는 행복감을 놓치고 있지는 않은지 주의해야 한다. 값을 매길 수 없는 아름다움에 좀 더 주의를 기울이는 연습을 할 수도 있다. 예를 들면 화창한 날씨나 아름다운 경치, 배불리 먹은 한 끼의 만족감처럼 말이다. 또는 작가 무라카미 하루키의 말처럼 '격렬한 운동 후 마시는 시원한 맥주 한 잔' 같은 '소확행(小確幸, 작지만 확실한 행복)'도 좋다. 바쁘게 일한 후 찾아오는 잠깐의 여유도 충분히 즐기며 감사할 만하다. 그래도 여전히 부채감 때문에 마음 한구석이 편치 않다면 차라리 체크 표시가 된 항목 옆에 상환 계획을 적어라. 물론 이때도 '자기효능감'을 갖기 위한 다음의 원칙에 유념해야 한다.

'반드시', '~해야 해'라는 표현은 삼가고
'~하겠어!', '~하고 싶어'라는 표현을 사용하자.

아무리 생각해도 빚을 진 기분인데 빚을 갚을 시기를 놓쳤다거나 누구에게 빚을 갚아야 할지 모르겠는 상황이라면 에스프레소 한 잔은 어떨까? 이게 무슨 말이냐고? 함께 다음 이야기를 살펴보자.

다음 잔은 제가 살게요!

이탈리아 사람들은 하루에 커피를 몇 잔씩 마실 정도로 커피 사랑이 대단하다. 그런데 과거 나폴리에서 한 노동자가 커피 한 잔을 구매하고 두 잔의 값을 지불한 일이 있었다고 한다. 카페 주인이 그 이유를 묻자 그는 말했다.

"오늘 운이 좋아서 공돈이 조금 생겼거든요. 이 행운을 다른 사람에게 나눠주고 싶어서 한 잔의 값을 더 지불한 거예요. 맡아두었다가 커피를 마시고 싶은데 돈이 없는 손님이 오거든 그분에게 한 잔 내주세요."

훗날 이는 그곳의 전통으로 자리 잡아 가난한 사람들을 위해 커피 값을 미리 지불하는 사람이 늘어나게 되었다. 누군가가 맡겨둔 커피가 있냐고 물으면 카페 주인은 이렇게 답했다.

"그럼요. 커피값은 이미 다른 분이 지불했으니 한 잔 드릴까요?"

이 얼마나 인정 넘치는 전통인가! 물론 카페 주인은 얼마든지 몰래 돈을 꿀꺽할 수도 있었지만 그러지 않았다. 그렇게 커피를 선물한 사람과 그 커피를 마시는 사람은 서로 온기를 나누었다. 이 전통은 더욱 널리 퍼져 지금은 매년 크리스마스가 되면 서양의 많은 카페에서 '카페 소스페소(Caffe Sospeso)', 즉 '맡겨둔 커피' 운동을 펼치고 있다.

다음 사람을 위해 베풀어라

이 이야기의 핵심은 감사한 마음이 있으나 어떻게 갚아야 할지를 모르겠다면 그저 다음 사람에게 베풀라는 것이다. 영어로는 이를 'Paying it forward'라고 하는데, 익명의 기부 역시 이러한 정신을 담고 있다. 수혜자는 이름 모를 누군가가 베푼 선행에 고마운 마음을 가질 것이다. 그리고 언젠가 그들 또한 익명의 기부자가 될지도 모를 일이다.

감사할 줄 아는 행운아는 다른 사람에게 더 많은 행운을 가져다준다. 마찬가지로 인과론을 믿으며 타인에게 행운을 베푼다면 머지않아 그 행운이 당신에게 되돌아올 것이다. 당신이 긍정의 물결을 일으켰으니 말이다. 요즘은 'kiva.org(저개발 국가의 영세업체나 개인에게 돈을 빌려주는 방식으로 경제적 자립을 돕는 단체)', 'giveforward.com(온라인 모금 사이트)'처럼 누구나 동참할 수 있는 소액 기부 사이트가 많다. 재단 설립이나 기업가의 후원에 기대지 않고 화려한 자선 파티도 열지 않는 이러한 사이트들은 빌리 레이 해리스(Billy Ray Harris)처럼 도움이 필요한 사람들에게 인생의 반전을 선사하기도 한다.

2년 전 해리스는 미국 캔자스시티의 거리를 전전하는 노숙자였다. 어느 날 한 여성이 주머니에 있는 잔돈을 털어 그의 앞에 놓인 컵에 넣어주는데 약간 둔탁한 소리가 났다. 그녀의 다이아몬드 반지가 함께 딸려 들어간 것이었다. 해리스가 이를 발견했을 때 그녀는 이미 자리를 떠난 후였다.

그는 말했다.

"알이 굵어서 값이 꽤 나가겠더라고요! 하지만 반지를 전당포에 팔아넘기지는 않았습니다. 아무리 가난해도 일말의 양심을 지킬 수 있게 해준 하나님께 감사할 일이죠."

그날 이후 그는 그녀가 다시 나타날 때까지 같은 장소에서 기다렸고 결국 반지를 돌려주었다.

그녀는 고마운 마음에 이 사실을 기자에게 알렸고, 기자는 그를 인터뷰해 그의 이야기를 신문에 실었다. 마침 그 기사를 눈여겨본 대형 신문사의 편집자가 그 일화를 실어 나르면서 해리스의 사연은 전국 방송을 타게 되었다. 이동용 위성중계(SNG) 차량까지 찾아올 정도로 해리스는 하루아침에 유명인사가 되었다.

그리고 정말 꿈에도 생각지 못한 일이 벌어졌다. 그의 선한 마음에 감동한 그녀와 그녀의 남편이 온라인에서 그를 위한 모금 활동을 시작한 것이다. 그에게 약간의 도움을 주고자 시작한 이 모금 활동으로 무려 19만 달러(약 2억 1,698만 원)의 돈이 모였다.

현재 해리스는 노숙자생활을 청산하고 새로운 삶을 살고 있다. 이제는 차도 있고, 직장도 있고, 집도 계약했다. 그뿐만 아니라 언론의 보도 덕분에 16년간 연락이 끊겼던 가족과도 재회했다. 그는 말했다.

"불행한 날들은 이제 다 지나갔어요. 새 삶을 살게 해준 하나님께 그저 감사할 뿐입니다."

잃어버렸던 다이아몬드 반지를 되찾은 그 여성과 양심을 지킨 노숙자 중 누가 더 운이 좋은 사람일까?

감사하는 마음을 행동으로 옮길 때,
그 작은 움직임으로 행운의 기적은 눈덩이처럼 불어날 수 있다!

PART 2

TUNE UP!

주파수를 조정하라!

아폴로 로빈스는(Apollo Robbins)는 세계에서 가장 뛰어난 소매치기다. 그 기술이 어찌나 대단한지 그가 소매치기임을 빤히 알면서도 감쪽같이 당할 정도다. 그는 미국 전 대통령의 수행경호원에게서 대통령의 일정표와 자동차 열쇠를 훔쳐내기도 했다. 다행히 그는 자신의 특기를 올바르게 활용해 컨설턴트 회사를 설립했고, 경찰과 보안요원에게 사기 및 절도 예방법을 가르치며 이와 관련한 학술 논문을 발표하기도 했다.

TED(TED.com) 강연 중 그는 관객 한 명을 무대 위로 불러 수백 명이 지켜보는 가운데 그 무고한 관객의 소지품을 '탈탈' 털었다. 빠른 손놀림은 물론이고 20여 년간 감각적 착각과 인간의 심리에 대해 연구하며 얻은 노하우가 있었기에 가능한 일이었다. 그는 간단한 비유를 들어 설명했다.

"우리의 뇌에는 경비원이 살고 있습니다. 그리고 그가 있는 경비실에는 성능 좋은 감시카메라(눈)와 감청기(귀), 촉각 탐지기(피부)가 갖춰져 있지요. 이때 누군가가 갑자기 경비원에게 '이봐, 방금 뭘 본 거야? 오늘 외출할 때 손목시계를 차고 나왔나? 지갑에 신용카드는 들어 있고?'라고 물으면 경비원은 자료를 훑어보기 시작할 겁니다. 기억을 '되감기'하면서 말이죠. 그런데 여기서 흥미로운 점은 경비원이 기억을 되감기하며 감시 장치들에까지 주의를 기울이지 못한다는 사실입니다."

요컨대 아폴로 로빈스는 대화의 기술을 활용해 상대의 머릿속에 살고 있는 경비원이 끊임없이 기억을 되감게 함으로써 감각기관을 무디게 만들고, 바로 그 틈을 타 상대에게서 원하는 물건을 빼낸다는 것이다. 정말 신기하지 않은가! 당신도 이 영상을 꼭 찾아보길 권한다. 영상 마지막에는 몇 번을 보고도 어떻게 한 건지 이해가 되지 않을 만큼 깜짝 놀랄 만한 내용이 더 담겨 있으니 말이다.

아폴로 로빈스의
강연 영상 QR 코드

'주의력'은 상당히 제한적인 두뇌 자원이다. 우리가 어떤 일에 집중하면 다른 일이 아무리 눈앞에 있어도 소홀하게 되는 이유도 바로 이 때문이다. 그럼 실험심리학에서 매우 유명한 연구 영상 하나를 살펴보자. 영상에서 두 팀이 농구하는 모습을 볼 수 있을 텐데, 당신의 임무는 바로 흰색 유니폼을 입은 선수

실험 심리학 영상
QR 코드

가 총 몇 번의 패스를 하는지 세어보는 것이다.

자, 어떤가? 답을 맞힌 문제가 있는가? 실험 결과에 따르면 처음엔 대부분의 사람이 속임수에 걸려들었다. 이 연구에 대해 전혀 몰랐던 경우에는 특히 더 그러했다. 심리학에서는 이러한 현상을 '무주의 맹시(Inattentional Blindness)'라고 하는데 다시 말하면 이렇다.

우리가 어떤 일에 집중하면 다른 디테일을 놓치기 십상인데, 특히 그 디테일이 일반적인 예상을 벗어난다면 더욱 그러하다는 것이다.

그런데 중요한 건 행운이나 우연한 기회 같은 소위 행운의 기회가 항상 예상 밖의 순간에 찾아온다는 점이다. 우리가 어떤 일에 지나치게 집중하면 행운의 신이 침팬지 옷을 입고 우리 앞을 뛰어다녀도 이를 보지 못할 수 있다는 뜻이다.

우리가 눈치채지 못했을 뿐 얼마나 많은 기회가 우리를 스치고 지나갔을지 누가 알겠는가?

농구 선수의 패스 횟수를 셀 때뿐만 아니라 어떤 일에 골몰할 때도 맹점이 생긴다. 특히 우리의 생각이 인지부하(Cognitive Load)라는 한계에 부딪힐 때는 말이다.《생각에 관한 생각(Thinking, Fast and Slow)》의 저자 대니얼 카너먼(Daniel Kahneman)은 말했다.

"우리는 한 번에 두 가지 일을 할 수 있다. 그러나 두 가지 일 모두 너무 어렵지 않아야 한다."

그는 맑은 날 뻥 뚫린 도로에서라면 운전하며 이야기를 나눌 수도 있겠지만, 혼잡한 도로에서 코너링을 하며 암산하기란 매우 어려운 일이라는 예를 들었다(시도도 하지 말라는 당부와 함께). 차선을 바꿔 추월을 해야 할 때처럼 복잡한 일에는 잠시 대화를 멈추고 집중해야 한다는 것이다.

우리가 깊은 생각에 빠져 머릿속 자원을 더 많이 사용할수록 집중으로 말미암은 맹점은 커지고, 그만큼 주변 환경에 대한 디테일을 간과하게 된다. 그러나 지금 우리가 살아가고 있는 현대사회에는 우리의 주의력을 앗아 가는 잡다한 정보와 매체 그리고 우리의 생각을 가득 채우는 걱정거리가 넘쳐난다. 스마트폰으로 언제든 유명 연예인의 가십 거리를 검색할 수도 있게 되었지만, 이로 말미암아 곁에 있는 귀인을 놓칠 수도 있게 되었다.

최근 마음 챙김 훈련이 요가, 명상과 함께 인기를 끌게 된 이유도 바로 여기에 있다. 팽팽하게 긴장되었던 마음을 풀고 자신의 목소리를 찾고 싶어 하는 사람이 늘어나고 있기 때문이다.

그러나 나는 행운을 내 것으로 만들고 싶은 사람에게 마음 챙김 훈련은 그저 준비운동에 불과하다고 생각한다. 이와 함께 두뇌에 자동여과 프로그램을 설정해 쏟아지는 정보들과 복잡한 생각들을 탐색하고 선별해야 한다. '주파수를 조정한다'는 것은 바로 이러한 개념이다.

고등학교 때 나는 내가 사랑하는 소니 워크맨을 차고 헤드폰을 낀 채 맨해튼 거리를 산책하길 좋아했다. 당시의 워크맨에는 카세트테이프는 물론 FM/AM 라디오까지 들을 수 있는 기능이 있었는데(지금은 골동품이 따로 없지만!), 나는 주파수 버튼을 이리저리 돌리며 길을 걷곤 했다. 라디오를 통해 흘러나오는 음악 장르만 들어도 어느 방송국인지 단번에 알 수 있었다. FM 100.3-Z100에서는 팝송과 특히 소란스러운 DJ의 목소리가 흘러나왔다. 주파수 버튼을 뒤로 돌리면 짧은 잡음 후 97.1 'Hot 97'에서 라틴댄스 유행곡을 들을 수 있었고, 주파수 버튼을 앞으로 돌리면 WQXR 105.9에서 우아한 클래식과 가곡을 들을 수 있었다.

그건 정말로 흥미로운 경험이었다. 귓가에 들리는 음악이 변하는 것만으로도 눈에 보이는 도시의 풍경이 달라 보일 수 있다는 사실을 발견했기 때문이다. 팝송을 들을 때는 도시가 유난히 밝아 보였고, 힙합을 들을 때는 모든 속도가 느려지는 듯했으며, 라틴음악을 들을 때는 거리의 라틴계 미국인이 유독 눈에 잘 띄었다. 한편 클래식을 들을 때는 왠지 모르게 노인들과 아이들이 눈에 들어왔다.

물론 이는 나의 개인적 느낌일 뿐 사람마다 반응은 달라질 수 있다. 하지만 기회가 된다면 당신도 한번 시도해보길 바란다. 즉각적이고 분명한 효과에 묘한 기분이 들 테니 말이다.

우리의 두뇌는 라디오와 같고, 생각은 주파수 조절 버튼과 같다. 주파수를 이리저리 바꾸면 환경에 대한 느낌이 달라지고, 주파수를 잘 맞추면 잡음이 걸러져 어쩌면 행운의 실마리일지도 모를 소소한 디테일들이 드러날 것이다.

그럼 이제부터 마음 챙김과 개인의 능률을 높이는 훈련, 정보관리, 그리고 창의력에 관한 이론을 통해 어떻게 하면 좀 더 쉽게 행운의 영감을 얻어 자신에게 다가온 행운 기회를 포착할지 그 방법을 알아보자!

HABIT 4

마음 챙김으로
현재에 집중하기

BE
MINDFUL
NOT
MIND FULL

용감하게 마음의 모래를 쏟아내라! 많으면 많을수록 좋다! 주머니가 가벼워질수록 마음
이 건강해지고, 명랑해지며 행운의 기회를 포착할 여지가 더 많아진다.

당신의 마음에는 정념이 담겨 있는가? 잡념이 담겨 있는가?

Mindfulness는 일반적으로 '마음 챙김' 또는 '정념(正念)'으로 번역한다. 인도 불교의 사티(Sati)에서 비롯된 개념으로, '과거나 미래에 살지 말고 현재에 집중하라'는 의미다. 현재에 집중하려면 선입견을 갖지 않는 열린 태도가 필요하다. 현재의 모든 감각과 느낌을 열린 마음으로 자유롭게 받아들일 때 우리의 오감은 더욱 예민해지고 직관력도 한층 강해진다. 행운의 기회를 포착하는 사람에게 비교적 높은 직관력과 관찰력이 있었음은 와이즈먼의 연구를 통해서도 밝혀진 바다. 그러므로 마음 챙김 훈련은 자신의 운을 높이는 좋은 방법이 될 수 있다.

자고로 보리수 아래의 석가모니부터 실험실의 학자까지 가장 직접적인 마음 챙김 방법으로 꼽은 것이 바로 '명상'이다. 명상은 마음을 편안하게 할 뿐만 아니라 혈압을 낮추고, 고민과 피로를 덜어주며, 집중력과 저항력을 높여준다. 심지어 뇌신경세포 간의 축삭돌기 밀도(Axonal density)와 신경전달물질을 보호하는 미엘린(Myelin)을 증가시킨다. 다시 말해서 명상을 통해 실질적으로 우리의 두뇌를 향상시킬 수 있다는 뜻이다!

문제는 명상이 매우 간단한 듯하지만(가만히 앉아 있기만 하면 되는 것 아닌가?) 생각처럼 그리 쉽지 않다는 데 있다. 왜냐? 좀이 쑤시기 때문이다. 사실, 나도 그랬다. 처음 연습을 시작했을 땐 5분도 어찌나 길게 느껴지던지 머릿속에 온갖 잡생각이 들었다. 어렵사리 호흡을 가다듬고 마음을 가라앉혀도 금세 회신하지 못한 전화나 아직 처리하지 못한 일들이 떠올라 시계를 확인하며 생각했다.

'아직도 3분 30초나 남았잖아!'

물론 이는 분명한 나의 약점이지만 아마 다른 사람들도 이와 같은 문제를 갖고 있을 거라 생각한다. 머릿속을 가득 채운 잡념들을 의지력만으로 떨쳐내려 하면 명상을 하고도 오히려 더 피곤해진다.

그럼 어떻게 해야 할까? 이후 나는 '머릿속을 정리하는' 좋은 방법을 찾아냈다.

Try this 4

3분 안에 자신이 마음속으로 생각하고 있는 일들을 종이에 적어보자. 오늘의 'To do list'나 미래의 크고 작은 계획, 연락이 필요한 명단, 번뜩이는 영감일 수도 있을 것이다. 3분으로 시간을 제한하는 이유는 깊게 생각하지 말고 당장 머릿속에 있는 것들을 적으라는 뜻이다. 이때 지켜야 할 몇 가지 원칙이 있다. 첫째, 완벽한 문장이 아닌 간단한 키워드나 기호를 적는다. 둘째, 목록을 작성하는 것이 아니므로 조목조목 열거해 순서를 매기거나 분류하지 않는다. 그냥 종이의 중앙에서 시작해 바깥쪽으로 적어나간다. 다 적고 나면

'키워드 모음'처럼 보이도록 말이다. 셋째, 메모하는 중에는 절대 이전 내용을 되짚어보지 않는다. 글씨가 엉망이어도 괜찮다. 중요한 것은 기록된 내용이 아니라 기록을 하는 '행위'이니, 메모를 마친 후에도 잠시 종이에서 눈을 떼도록 하자.

♣　♣　♣

전 세계 수천만 기업인에게 '가장 효과적인 생산성관리 방법'이라고 평가받는 데이비드 알렌(David Allen)의 'Getting Things Done', 일명 GTD 시스템은 바로 이 '머리 비우기'를 모든 것의 시작으로 삼는다. 데이비드 알렌은 이 과정을 '영혼의 캐시메모리 삭제 작업'이라고 비유하며 이렇게 말했다.

"끝내지 못한 일들은 모두 걱정거리인데, 이것들이 두뇌의 작업기억을 차지하면 컴퓨터 램(RAM)에 캐시메모리가 가득 차 있을 때와 같아진다. 램은 효율성이 높지만 장기기억에 해당하는 하드디스크에 비해 용량이 떨어지는데, 인간의 두뇌는 컴퓨터와 같아서 램(작업 기억)이 꽉 차면 속도가 느려지고 프로그램에 렉이 걸리며 쉽게 다운된다."

그런 까닭에 그는 GTD 훈련의 첫 단계로써 그 바쁜 기업 임원들에게 머리부터 깨끗하게 비울 것을 강조한다. 아무리 사소한 일이라도 머릿속에 담겨 있는 일이라면 전부 종이에 적어낸 다음 다시 얘기하자는 것이다. 이런 행위를 하는 것만으로도 상상 이상의 홀가분함을 느낄 수 있을 것이라면서 말이다.

개인적 경험으로 비춰보면 왠지 모르게 마음이 답답하고 짜증이 날 때 '머리 비우기'를 하니 금세 답답함을 덜어내고 잡생각을 떨칠 수 있었다. 정리를 마친 후에는 마음이 차분해지다 못해 조금은 나른해진 느낌까지 들었다. 그러니 명상하기 전에 조금만 더 시간을 할애하여 머리를 비워보자! 계획하고 판단하고 생각할 필요는 없다. 일단 신속하게, 시원하게 비워내라. 생각을 다 비워냈다면 종이는 한쪽으로 미뤄두고 심호흡을 해보자. 그런 다음 가만히 눈을 감고 그 짧은 순간의 평온함에 몸을 맡기며 그 느낌을 새겨보자. 이때 마음 챙김의 경지에 성큼 다가서게 될 것이다.

마음 챙김 훈련에 대한 오해 풀기

좋다. 머리를 비우고 마음도 편안해졌다면 본격적으로 마음 챙김 훈련을 시작해보자. 먼저 마음 챙김 훈련에 대한 몇 가지 오해를 풀어야 한다.

첫째, 머리를 '비워두는 것'이 아니다. 인간이 아무 생각도 하지 않기란 사실상 불가능하다. 하지 말라고 할수록 하고 싶어지는 것이 인간의 심리이기 때문이다.

둘째, '열심히 생각하는 것'도 아니다. 집중이 필요하긴 하지만 마음 챙김은 어떤 문제에 고집스럽게 매달리는 일이 아니므로 이완의 상태를 유지하는 것이 중요하다.

셋째, '뭐든 천천히' 하라는 뜻도 아니다. 힘을 뺀다고 해서 꼭 속도를 늦춰야 하는 것은 아니다. 검도 선수들도 누워 있는 호랑이처럼 조용히 숨을 고르지만 공격할 때는 질주하는 표범처럼 민첩하게 움직이지 않던가. 실제로 검도 선수들은 더 빠른 반응을 위해 마음 챙김 훈련을 한다. 머릿속의 잡음들이 소거되면 생각이 맑고 또렷해져 더 민첩하고 과감하게 행동할 수 있다.

마음 챙김 훈련 방법에는 수백 가지가 있다. 모든 길은 로마로 통한다지만 '어떤 길을 선택하느냐?'는 문제만으로도 시작이 힘들어질 수 있다는 뜻이다. 그러나 행운을 내 것으로 만들기 위해서라면 마음 챙김의 목적이 뚜렷해진다. 환경에 대한 민감도를 높여 그 안에서 유익한 영감과 기회를 발견하기 위함이다.

'머리 비우기' 연습은 '불필요한 정신적 부담을 덜어내기' 위한 목적으로, 그다음으로 우리가 해야 할 일은 '목표의 방향을 설정하고 연결적 사고와 관찰력 향상을 위한 길을 닦는 연습'이다.

TIP 　**마음 챙김 훈련의 3단계**
❶ 불필요한 정신적 부담 덜어내기
❷ 목표의 방향을 설정하고 연결적 사고 훈련하기
❸ 관찰력 높이기

'정념의 기술자'가 되어 '접지'하기

심리학에 '접지(Grounding, 때로는 Centering이라고도 함)'라는 개념이 있다. 전기 기술자가 누전을 방지하기 위해 콘센트에 '접지선'을 연결하는 것처럼, '접지'는 자신의 의식을 현재로 되돌려 평소 우주를 향해 뻗어나가던 생각의 갈피를 지구로 끌어당기는 것을 말한다.

과거 전신기도 접지선을 연결해 더 먼 곳까지 전보를 보냈고, 지금의 전파망원경(Radio Telescope)도 접지하여 전파의 잡음을 줄인다. 마찬가지다. 우리 스스로 행운의 신호를 감지하는 안테나가 되려면 자신의 마음을 '접지'해 조급한 마음속에서 안정점을 찾을 수 있어야 한다.

그런 의미에서 마음의 힘을 빼는 데 도움 되는 세 가지 접지 기술을 소개할까 한다. 이 기술들을 활용해 접지선을 안정적으로 연결한다면 마음이 갈수록 편안해질 것이다. 기술들을 익히는 훈련은 그리 어렵지 않을뿐더러 많은 시간이 필요하지도 않다. 다만 운동과 마찬가지로 꾸준히 해야 진정한 효과를 볼 수 있다.

1. 나만의 '접지 음악'으로 그 속에서 평온함을 찾는다

어느 날 밤 나는 메일을 쓰면서 영국 록밴드 콜드플레이(Coldplay)의 앨범 〈고스트 스토리즈(Ghost Stories)〉를 들었다. 나는 이 앨범의 마지막 수록곡인 '오(O)'를 특히 좋아하는데, 배경음악으로 잔잔하게 틀어놓자면 방 안 분위기가 차분해진다. 당시 나는 일에 집중하느라 노래가 끝나고 방 안 가득 컴퓨터 자판을 두드리는 소리뿐이어도 달리 신경을 쓰지 않았다.

그런데 잠시 후 몽환적인 기타 연주 소리가 다시금 흘러나오는 것이 아닌가. 순간 깜짝 놀란 나는 아이튠즈를 확인했고, 그제야 노래

가 아직 끝나지 않았음을 깨달았다. 마지막 후렴구가 나오기 전 콜
드플레이가 일부러 3분의 틈을 둔 것인데, 이는 정말 신의 한 수였
다. 후렴구와 이전의 선율이 어우러지며 중간의 무음에도 의미가
생겼기 때문이다.

　녹음 기술이 등장하기 전까지만 해도 음악을 듣는다는 건 엄청난
향수(享受)였다. 그러나 지금은 길을 걸을 때나 밥을 먹을 때, 병원
에서 혹은 엘리베이터에서 언제 어디서든 음악을 들을 수 있게 되
었다. 그런 까닭에 음악을 대수롭지 않은 배경음쯤으로 여기는 사

람이 많아졌다. 실은 모든 음악 하나하나가 누군가의 창작의 결실이지만 배경의 잡음이 되어버린 음악은 사람들에게 감동을 주기 어렵다.

게다가 요즘은 플레이어에서 '연속재생 모드'를 설정할 수 있어서 사람들은 으레 연이어 음악을 듣는다. 쉴 틈 없이 이어지는 음악에 여운을 느끼며 정지할 기회가 거의 없는 셈이다. 그러나 좋은 음악을 들은 후 자신에게 평온의 시간을 선물하면 머릿속을 맴도는 음악의 그 잔잔한 여운을 느낄 수 있다. 그래서 혹자는 이렇게 말하지 않았던가. 침묵의 구간은 청자와 자신을 위한 만남의 시간이라고 말이다.

Try this 5

좋아하는 곡을 '콰이어트 송(Quiet Song)'으로 삼아보자. 단, 들으면 마음이 편안해지는 익숙한 곡이어야 한다. 누군가를 떠오르게 만든다거나 울적하게 만드는 곡은 적합하지 않다. 장르에 제한 없이 자신의 느낌이 중요하긴 하지만 원칙적으로는 느린 템포에 부드러운 음색의 곡이 사람을 차분하게 만든다.

선곡을 마쳤다면 조용한 장소에서 이어폰을 끼고 눈을 감은 채 그곡을 제대로 음미해볼 차례다. 동시에 다른 일을 하거나 돌아다니지 말고 바쁜 일상을 3분 정도만 멈춰보는 것이다. 음악에 온전히 몸을 맡겨 멜로디를 따라 움직이는 감정과 비트를 따라 뛰는 심장 소리, 미세한 음색을 모두 느끼며 머릿속에 입체적인 풍경을 그려보자.

정말 중요한 건 그다음 단계다. 그렇게 음악이 끝나면 급하게 자리에서 일어나거나 이어폰을 빼거나 다음 음악을 재생하지 않고, 그저 조용히 의자에 앉은 채로 방금 들은 음악을 되뇌어 보는 것이다. 마치 음악을 다시 한 번 재생하듯 디테일들을 떠올리면서 말이다. 너무 어렵게 느껴지는가? 괜찮다. 가볍게 상상해보고 스스로 충분하다는 생각이 들면 그만해도 좋으니까.

♣ ♣ ♣

이는 변형된 명상법의 일종이다. 음악은 우리의 기분을 빠르게 바꿔주기 때문에 일반적으로 명상을 어려워하는 사람도 음악의 힘을 빌리면 좀 더 쉽게 상황에 몰입할 수 있다. 같은 곡으로 며칠간 지속적으로 훈련하면 당신의 마음속에 그 음악이 깊이 아로새겨질 것이다. 그러면 이후 마음의 안정이 필요한 모든 순간 머릿속에 콰이어트 송을 재생해 마치 접지한 듯 그 멜로디를 따라 마음을 가라앉힐 수 있을 것이다.

2. 심호흡으로 나 자신에게 잠시 중단 사인을 보낸다

위험에 직면하면 우리는 심장박동이 빨라지고 혈압이 상승하며 호흡이 가빠진다. 이는 싸움이나 달아날 준비를 위한 것으로, 오랜 세월을 거쳐 진화해온 우리의 본능이다. 물론 지금이야 길을 가다 호랑이에게 습격을 당할 걱정은 없다. 그러나 사무실에는 언제 습격해 올지 모르는 상사가, 그리고 사장이 있다. 문제는 이러한 스트레스가 위험이 닥쳤을 때와 같은 두뇌 반응을 일으키며, 이것이 장기간 지속되면 우리의 건강에 엄청난 영향을 준다는 사실이다.

이럴 때 필요한 것이 바로 심호흡이다! 사람들은 긴장하면 심호흡하는 법을 잊어버리는데, 심호흡은 아주 단순한 동작이지만 그것만으로도 제법 마음을 가라앉힐 수 있다. 명상 훈련에서는 정신 집중을 목표로 호흡을 한다. 자신의 호흡 속도와 리듬에 집중해 그 안의 미세한 변화를 느끼며 자신의 상태를 조정하는 것이다. 그런 의미에서 이는 일종의 기본적인 '바이오피드백' 훈련이라고 할 수 있다.

제대로 심호흡하는 방법은 2초간 천천히 숨을 들이마시고 1초간 멈추었다가(일부러 숨을 참는 것이 아니라 폐에 숨이 충분히 찬 상태) 다시 2초간 천천히 숨을 내뱉는 것이다. 보통 이 속도로 연습을 시작해 3초간 숨을 들이마시고 2초간 멈추었다가 3초간 내뱉는 식으로 점차 시간을 늘려가는 것이 좋다.

횡단보도 신호가 바뀌길 기다리는 몇십 초, 회의 전 혹은 출근 길 몇십 분의 시간이 나거든 습관적으로 스마트폰을 들여다보기 전에 일단 멈춰 딱 세 번만 심호흡하자. 2초간 숨을 들이마시고, 1초간 멈추었다가 다시 2초간 숨을 내뱉는 것이다. 심호흡하면서 주변을 둘러보는 건 좋지만, 스마트폰 화면을 들여다보는 것은 금물이다. 그러면서 자신의 몸 상태를 느껴보는 것이다. 몸이 쑤시거나 유독 경직된 곳은 없는지, 힘을 빼야 할 곳은 어디인지를 살피며 세 번의 심호흡을 하면 모두 합쳐도 20초가 채 되지 않는다. 그러나 이 짧은 'Time out'이 습관이 되면 전보다 쉽게 긴장감을 해소할 수 있을뿐더러 웬만해서는 초조해하지 않는 자신을 발견할 것이다!

♣　♣　♣

베트남의 일부 사원에서는 하루에 몇 번씩 종을 울리는데, 스님들은 이 종소리가 들리면 그 즉시 하던 일을 멈추고 조용히 심호흡 몇 번을 한단다. 나는 이것이 아주 좋은 방법이라고 생각한다. 자신에게 잠시 중단의 시간을 주어 심호흡으로 두뇌에 산소를 공급하는 이 행위가 우리를 더욱 집중할 수 있게 만들어줄 테니 말이다. 하지만 어떻게 스스로 종을 울릴 수 있을까?

사실 우리의 일상생활 속에는 의외로 자투리 시간이 많다. 예컨대 버스를 기다리는 시간, 고객센터에 전화를 걸어 상담원 연결을 기다리는 시간, 병원에서 진료를 기다리는 시간, 표를 구매하기 위해 줄을 서 있는 시간처럼 말이다. 예전에는 이런 시간이 숨을 고르는 기회였지만, 지금은 어김없이 스마트폰에 그 시간을 빼앗긴다. 1분이면 SNS에 게시물 하나를 올리고, 게임 한 판을 하고, 이메일 회신을 보내고⋯⋯. 꽤 효율적으로 시간을 보내는 듯하지만 실제로 그럴까? 눈과 머리를 쉬게 할 기회임에도 우리는 오히려 더 많은 자극을 좇고 있다. 그러니 더 쉽게 피곤해지고, 더 쉽게 인내심을 잃을 수밖에!

3. '두 발을 착실히 땅에 붙이고 서 있는 느낌'에 집중한다

말초신경이 가득하고, 경혈이 경맥과 오장육부에 잇닿아 있는 우리의 발은 온몸의 건강 상태를 반영한다. 그러나 현대인들은 온종일 신발을 신고 있어 특별히 발이 아픈 때를 제외하고는 좀처럼 발의 느낌에 주의를 기울이지 않는다. 혹시 '건강 지압길'을 걸어본 적이 있는가? 나는 그 길을 처음 걸었을 때 거의 열 걸음 만에 포기했다. 정말 너무 아팠기 때문이다. 한 번도 걸어본 적이 없다면 꼭 경험해보길 바란다. 걸음걸음마다 비명이 절로 나오고, 다음 걸음은 어디를 디뎌야 할지에 대한 생각만 들 테니 말이다. 물론 지압길을 모두 지나고 나서는 정신이 한층 맑아진 걸 느낄 것이다. '건강 지압길'이라는 이름에는 다 이유가 있는 법이니까!

두뇌는 사고의 중심이자 땅에서 가장 멀리 떨어져 있는 부위다. 현대인은 두뇌를 과도하게 사용하면서 몸은 많이 움직이지 않기에 발을 경시하는 경향이 있는데, 사실 발에도 한 사람의 잠재의식이 반영된다. 예컨대 초조할 때는 빠르게 발을 떨게 되고, 흥분될 때는 춤을 추듯 발을 구르게 되며, 마음이 거북할 때는 자신도 모르게 '달아날 곳'을 향하게 된다.

마음의 안정을 찾아 평온한 기분을 느끼고 싶다면
'두 발을 땅에 붙이고 서 있는 느낌'에 집중해
침착하게 몸의 중심을 바닥에 '접지'해야 한다.

Try this 7

건강 지압길을 걷는 연습을 하라는 것은 아니니 안심해라. 자투리 시간을 이용해 심호흡하는 연습을 했다면, 그다음은 두 발에 집중하는 연습을 할 차례다. 말 그대로 두 발에 집중해 발의 무게나 신발의 조임 정도를 느껴보는 것이다. 더 좋은 방법은 신발을 벗고 발바닥을 땅에 붙여 지면의 질감이나 온도를 느끼는 것이다. 그런 다음 온몸의 중심을 머리에서 발로 이동해 마치 나무가 땅속에 뿌리를 내리듯 자신의 몸과 지면이 안정적으로 결합되는 상상을 해보자. 봄나들이를 하러 갈 기회가 있다면 신발을 벗고 맨발로 풀밭을 걸어도 좋다. 발아래의 땅을 느끼면 머리가 맑아지는 효과도 얻을 것이다.

여러 사람 앞에 나서야 할 상황이 오거나 면접 혹은 회의를 앞두었을 때, 잠깐의 짬을 활용해 그동안 연습했던 방법으로 마음을 가라앉혀보자. 조용히 콰이어트 송의 일부를 흥얼거리고, 심호흡하고, 착실히 땅에 '접지'한 두 발을 느끼면 더 차분하고 신중해지는 데 큰 도움이 될 것이다.

뎅~

남기느냐 버리느냐는 결국 당신의 선택에 달렸다

로벤 섬(Robben Island)은 남아프리카공화국의 케이프타운에서 남서쪽으로 7킬로미터 떨어진 외해에 자리하고 있다. 1년 내내 너울이 끊이지 않는 데다 사방에 암초와 바위가 가득해 과거 얼마나 많은 선박이 이곳에서 산산조각 났는지 모른다. 이렇게 험준한 환경 탓에 17세기 로벤 섬은 범죄자들을 수용하는 감옥으로 사용되었다. 여기에서 가장 유명한 수감자는 바로 넬슨 만델라(Nelson Mandela)였다.

젊은 시절의 만델라는 남아프리카공화국의 인종분리정책인 아파르트헤이트(Apartheid)에 저항한다는 이유로 무기징역형을 선고받았다. 1962년 그가 로벤 섬으로 이송되었을 때 한 간수는 이렇게 말했다.

"자네는 여기서 죽게 될 거야."

그곳에서의 수감생활은 상당히 가혹했다. 수감자들은 매일 아침 5시 30분에 기상해 온종일 석회 채석장에서 노역해야 했다. 또한 그들에게는 책도 라디오도 허락되지 않아 그야말로 세상과 완전히 단절된 삶을 살아야 했다. 그런 곳에서 만델라는 최저등급의 범죄자로 분류되어 반년에 한 번만 면회가 허락되었다. 만델라의 어머니는 그를 만나고 돌아간 지 얼마 되지 않아 세상을 떠났고 이듬해 그의 큰아들도 목숨을 잃었지만, 그는 장례식에조차 참석할 수 없었다. 이후 만델라가 사면을 받았을 때는 이미 27년의 억울한 옥살이를 한 후였다.

1990년 2월 11일, 만델라는 부인의 손을 잡고 감옥에서 벗어났다. 그는 회고록《자유를 향한 머나먼 여정(Long Walk to Freedom)》에서 이렇게 밝혔다.

'그 문을 나와 자유를 향해 발을 내딛는 순간 나는 생각했다. 그곳에 증오를 남겨두고 오지 않는다면 계속 감옥에 갇혀 있는 것과 다름없을 거야.'

아파르트헤이트가 붕괴된 후 과도기에 놓인 남아프리카공화국에는 만델라가 말하는 평화와 조화가 절대적으로 필요했다. 이를 반영하듯 만델라는 남아프리카공화국 대통령에 당선되었고, 그는 과거 자신에게 사형을 구형한 검사를 초청해 함께 오찬을 나누는 한편, 예전 교도소장을 외국 주재 대사로 지명하기까지 했다. 만델라의 너그러운 용서에 사람들은 그를 성인이라며 찬양했지만 그는 웃으며 대꾸했다.

"아니요. 저는 성인이 아닙니다. 그저 끊임없이 앞으로 나아가길 원하는 죄인일 뿐입니다!"

만델라는 참으로 현명했으며, 증오를 내려놓기로 한 그의 선택은 현실적이었다. 첫째로 그는 자신의 억울함이 종족 간 대립을 부추기는 명목으로 이용되길 원치 않았다. 둘째로 자신이 증오하는 마음을 내려놓지 않았다면 그 작은 섬에서 진즉 목숨을 잃었을지도 모른다는 사실을 잘 알고 있었다. 실제로 사람은 과거의 억울한 일을 떠올리는 것만으로도 기분이 나빠지고, 몸에서 스트레스 호르몬인 코르티솔이 대량 분비된다. 이것이 장기간 누적되면 신체의 저항력이 떨어져 갑상선 기능을 비롯해 근육과 골질이 손상된다. 증오는 동력이 되기도 하지만 동시에 치명상을 입히기도 한다. 만델라는 이런 명언을 남겼다.

"증오를 품는 것은 자기가 독약을 마시고 그 독약이 적들을 죽여주길 바라는 것이나 다름없는 일이다!"

머리 비우기를 했는데도 여전히 답답하고 울적하다면, 그리고 여전히 걱정거리가 한가득이라면 스스로 이렇게 자문해보자.

'아직 내려놓지 못한 묵은 빚이 있는 것은 아닌가?'

미움 없애기

'미움'은 업무 스트레스와 다르다. 업무야 언젠가 끝이 나지만 마음속 옹이는 쉽게 풀리지 않으며, 그 옹이가 머릿속을 가득 채우면 다른 사고의 영역이 줄어든다.

예컨대 해변에서 조개껍데기를 줍는데 가방이 모래로 가득 찬 것을 발견했다면 어쩌겠는가? 가방 속 모래부터 비우지 않겠는가? 당연한 소리를 왜 하느냐 싶겠지만 문제는 실제로 이를 해내지 못하는 사람이 많다는 데 있다.

인생을 살면서 충돌을 피하기란 어려운 일이다. 그러나 사소한 오해와 해묵은 감정, 꾹꾹 눌러 삼킨 화를 쌓아놓는 것은 모래로 가득 찬 가방을 짊어지고 있는 것처럼 행운의 기회를 놓치게 만들거나 후회할 판단을 내리게 한다.

미국에서 고등학교를 다닐 때 나를 FOB(Fresh Off the Boat, 새로운 이민자를 뜻하는 표현으로 멸시의 의미가 담겨 있다)라고 놀리는 같은 반 친구가 있었다. 그러던 중 한번은 교내에서 농구 대회가 열려 순번에 따라 내가 주장을 맡게 되었는데, 나는 덩크슛 고수였던 그 친구를 일부러 경기에 출전시키지 않았다. 그리고 그 결과 우리는 참패했다.

경기가 끝난 후 팀원들은 저마다 쓴소리를 내뱉었다.

"정말 고맙다, 주장! 네 사적인 감정 때문에 결국 이렇게 됐네!"

잔뜩 풀이 죽은 나는 홀로 탈의실에 남아 나 자신을 되돌아보았다. 그들의 말이 맞았다. 내 개인적 감정에 아무 상관 없는 사람들까지 끌어들이고 말았다. 순간 '이번 싸움에는 이겼는지 모르지만 전쟁에서는 졌다'는 말이 떠올랐다.

실제로 직장이나 연애, 비즈니스, 정치 문제만 봐도 이기적인 보복 심리로 일을 망치는 경우가 허다하다. 운명의 언덕에서 모래가 가득 담긴 가방을 메고 행복의 조개껍데기를 줍지 못하는 사람이 그만큼 많다는 얘기다. 그들은 이를 악물고 이마에 핏대를 세운 채 가쁜 숨을 몰아쉬며 말한다.

"내게 이 모래주머니를 준 사람을 찾아서 두 배로 돌려주겠어!"

문제는 원수가 진즉 멀리 달아났어도 어떤 사람들은 평생 그 짐을 짊어지고 살아갈지언정 가방 속 모래를 쏟아내려 하지 않는다는 점이다. 그렇다. 그 짐은 다른 사람이 우리에게 떠넘긴 것이다. 그러나 이를 남기느냐 버리느냐는 온전히 당신의 선택에 달렸으며, 내려놓기를 선택할 때 비로소 평정을 되찾을 수 있다.

자주 우울함을 느끼며 좀처럼 부정적인 감정에서 벗어나지 못하고 생각의 갈피를 잡지 못하고 있다면 묵은 감정을 내려놓아야 한다. 바로 지금 이 순간부터!

물론 용서는 한순간이지만 생각의 전환이 필요한 가장 어려운 과제이기도 하다. 그러므로 다음 몇 가지를 유념해야 한다.

1. 용서란 단순히 '관두는 것'이 아니다

싸움할 때 습관적으로 "관두자!"라고 말하는 사람들이 있다. 마음속으로는 전혀 그럴 생각이 없으면서 말이다. '관두자'라는 말에 정말로 마음을 털어버리겠다는 뜻이 담겨 있다면 말 그대로 관두는 것이 좋다. 그러나 사실 사람들이 "관두자"라고 말할 때는 상황을 피하고 싶은 마음 또는 소극적인 분노의 표현일 경우가 많다.

요컨대 용서란 단순히 관두고 잊어버리는 것이 아니라 보복이나 상처를 더할 방법에 대한 궁리를 멈추고 문제를 풀어 자신의 심리적 부담을 덜어내는 데 그 목적이 있다. 다시 말해서 마음에 응어리를 남기지 않고 털어내는 적극적인 태도가 관건인데, 이는 자신의 감정에 대한 주도권을 되찾기 위한 선택이기도 하다.

2. 용서와 묵인은 다르다

"어렵사리 모래를 비워냈는데 같은 사람이 또 나를 건드리면 어떻게 하죠?"

아마 많은 사람이 이 같은 의문을 가질 것이다. 용서는 자신을 해치려는 행위를 묵인하고 내버려두는 것과 다르다. 부정적인 감정의 굴레에서 벗어나 분명한 생각으로 문제를 처리하는 것, 이것이 용서다. 이러한 경험은 소중한 교훈이 될 수 있고, 그것으로 우리를 다시 상처 입히려는 사람에게서 벗어날 수 있을지도 모른다. "적을 용서하되 그 이름은 절대 잊지 말라"는 케네디의 말처럼 용서로 부정적인 감정을 잠재우되, 그 안의 교훈은 잊지 말아야 한다!

3. '공평' 혹은 '옳음'을 고집하지 않는다

인생은 원래 불공평하다. 그러나 손해를 본 불운은 잠깐이지만 이를 계속 마음에 담아둔다면 그 불운이 더 오래도록 당신을 따라다니게 된다. 그러니 기왕 용서하기로 했다면 상대에게 잘못을 만회하라거나 나의 옳음을 인정하라고 강요해서는 안 된다. 그런 마음이 들 때는 시간이 모든 것을 증명해줄 것이라며 자기 자신을 다독

여라. 참고로 내게 꽤 유용했던 말이 있다.

'당신은 자신이 옳기를 바라는가, 아니면 평화롭길 원하는가(Do you want to be right, or do you want to be at peace)?'

실제 실험 결과에 따르면 피실험자가 '감정이입'과 '너그러운 용서의 태도'로 과거의 상처를 대할 때 기존의 스트레스 반응이 정상범위로 돌아왔다. 게다가 그냥 '참고', '긍정적인 사고'를 할 때보다도 훨씬 효과적이었다. 충돌은 서로 다른 입장에서 비롯되는데, 사람들은 저마다 자신의 입장이 옳다고 생각한다. 하지만 입장을 바꿔 상대방의 위치에서 생각해보면 서로의 잘못된 부분을 조금 더잘 이해할 수 있고, 나아가 충돌 해소의 열쇠가 되어줄 공통점을 찾기도 쉬워진다. 관대한 사람이 건강할 뿐만 아니라 장수하는 편이라는 사실은 실험을 통해서도 입증된 바다.

용서는 마음에서 비롯되지만 행동이 뒤따라야 한다. 마음의 짐을 내려놓고 조금 더 편안한 삶을 살고 싶다면 다음과 같은 연습을 해보자.

Try this 8

종이에 '나는 ( )을/를 용서하기로 결심했다'라고 적어보자. 괄호 안에는 용서할 대상의 이름을 적고, '~하기로 결심했다'는 표현을 사용하는 것이 중요하다. 용서가 꼭 한 번에 이루어질 수 있는 일은 아니지만 최소한 첫발을 내디디겠다는 온전한 당신의 결정이기 때문이다. 그런 다음 '…… 나는 내가 더 운 좋은 사람이 되길 원하기 때문이다'라는 말을 덧붙여보자. 이 말을 적는 이유는 다른 누군가를 위해서가 아닌, 나 자신의 더 나은 삶을 위한 선택임을 스스로 일깨우기 위해서다. 이를 해낸다면 자신의 의향이 가져다주는 상상 이상의 긍정에너지와 행복감을 느낄 수 있을 것이다.

❖　❖　❖

한바탕 반성 끝에 정말로 용서받아야 할 사람이 다름 아닌 자기 자신임을 발견했다면? 물론 반성하는 건 좋은 일이다. 그러나 지나친 자책은 심리적 부담을 가중시킬 뿐이며, 자책감이라는 부정적 감정에 사로잡힌 채로는 변화하기가 더 어려워질 뿐이다.

이럴 때도 위에서 언급한 괄호 채우기 문제를 활용할 수 있다. '용서'를 '변화'로 바꾸기만 하면 된다. 예를 들면 '나는 나의 나쁜 버릇을 바꾸기로 결심했다. 나는 내가 더 운 좋은 사람이 되길 원하기 때문이다'라고 적어보는 것이다. 나쁜 버릇을 어떻게 바꿀 것인지는 찰스 두히그(Charles Duhigg)의 《습관의 힘(The Power of Habit)》과 같은 관련 심리학책을 읽어보길 추천한다. 나쁜 습관 뒤에 숨어 있는 심리적 요인을 이해하면 문제 해결을 시작할 수 있을 테니 말이다. 그리고 무엇보다 자신의 문제를 직시하고 인정하며 문제 해결을 위한 첫발을 내디디면 마음도 조금은 편안해질 것이다.

과감히 모래를 비워내라. 비우면 비울수록 좋다! 가방이 비워지는 만큼 마음은 더 밝아지고 건강해져 행운의 기회를 포착할 여지가 커질 것이다.

아이 돌보기,
납부, 쇼핑, 머리하기, 책 구매하기,
피피 먹이주기, 파티, 케이스,
E-mail, 운동,
골든아워, 밥하기

현재에 집중하기

뎅~

증오하는 마음
내려놓기

뺄셈으로 생활의
주파수 조정하기

TUNING
YOUR
FREQUENCY

Lucky Breaks에도 시간이 필요하다. 기회와 시간이 충분한 사람은 운이 좋은 사람이며, 시간이 없는 사람은 행운과 협상할 밑천이 없는 것과 같다! 한편 '주파수 조정'은 우리가 인생의 혼란과 변화에 대처하고, 그 속에서 기분 좋은 '의외'를 발견할 수 있도록 도움을 주기 위함이다.

'주파수 조정'에 숨은 과학적 '비밀'

이 도시에서는 매일 수백만 명의 사람이 오가고, 수천만 건의 일이 진행되며, 수억 개의 정보가 전달되고 있다. 여러 인과관계가 복잡하게 얽히고설킨 만큼 곳곳에 위험이 도사리고 있고, 또 곳곳에 기회가 널려 있다. '주파수 조정'은 우리가 이러한 인생의 혼란과 변화에 대처하고, 그 속에서 기분 좋은 '의외'를 발견하는 데 도움 된다.

주파수 조정에는 3단계가 있다.
❶ '새로운 주파수' 설정하기
❷ '잡음의 방해' 줄이기
❸ '뜻밖의 영감' 포착하기

'주파수 조정'이 최대의 효과를 발휘하려면 그 배후에 있는 이론적 기초부터 이해해야 한다.

내 아내의 임신 사실을 안 그날부터 나는 새삼 타이베이에 많은 임신부가 있다는 사실을 발견했다. 거리에, 공원에, 지하철에 임신부는 어느 곳에나 있었다. 다들 동시에 아이를 낳기로 마음을 먹기라도 한 걸까? 물론 그건 아니었다. 아내가 임신하니, 다른 임신부의 존재에 더욱 주의를 기울이게 되었을 뿐이다.

우리의 감각기관은 온종일 온갖 잡다한 정보에 둘러싸여 있지만, 우리는 대부분 이것들에 주의를 기울이지 않는다. 이 책을 읽고 있는 순간에도 공기 중에는 다양한 소리와 냄새가 가득할 테지만 우리는 멈춰 서서야 비로소 그 존재를 알아차린다. 다음에 외출하거든 발걸음을 잠시 멈추고 자신의 주변에 얼마나 많은 소음이 있는지를 느껴보자. 실제로 도심 거리의 경우 소음이 70데시벨에 달하는데, 이렇게 시끄러운 환경에서도 우리가 다른 사람과 대화를 나눌 수 있는 이유는 우리의 두뇌가 일부 잡음을 자동으로 걸러내기 때문이다. 하지만 '여과'를 한다는 것이지, 소리를 완전히 차단한다는 소리는 아니다. 길을 지나던 누군가가 당신의 이름을 부르면 아주 집중한 상태가 아니고서야 십중팔구는 그 소리를 놓칠 것이다. 당신이 다른 사람과 대화 중이었다고 하더라도 말이다. 부모라면 알겠지만 얼마나 많은 아이가 모여 있든, 또 얼마나 시끄러운 곳에 있든 자신을 부르는 아이의 목소리는 귀에 꽂히는 법이다. 그렇다. 우리 두뇌의 여과 시스템은 자신의 이름을 인식하고 아이의 음색과 주파수를 분별해낼 정도로 똑똑하다. 예전에 어머니가 내게 "넌 항상 네가 듣고 싶은 것만 듣는구나!"라고 자주 말씀하셨는데 사실 맞는 말이었다. 우리는 확실히 '선택적 청력'을 지녔다.

그렇다면 우리는 컴퓨터 프로그램을 설계하듯 우리 두뇌의 자동 여과 시스템을 설계할 수 있을까?

다 함께 한 가지 테스트를 해보자. 아래에 작성된 목록을 빠르게 훑어본 다음 책을 덮고 기억나는 대로 종이에 이를 적어 과연 몇 개나 맞추는지 알아보는 것이다(생각나는 대로 쓰면 되니, 순서대로 외울 필요는 없다).

① 유치원 ② 스펀지 ③ 도로 ④ 귀마개 ⑤ 돋보기 ⑥ 지갑 ⑦ 택시 ⑧ 볼펜 ⑨ 확성기 ⑩ 신호등 ⑪ 컵라면 ⑫ 젖꼭지 ⑬ 물티슈 ⑭ 스마트폰 ⑮ 기저귀 ⑯ 하늘 ⑰ 오토바이 ⑱ 횡단보도 ⑲ 장미 ⑳ 벽돌

몇 개나 기억했는가? 보통 사람들은 7~10개 정도를 적는데 이를 모두 기억했다면 축하한다! 당신의 기억력이 훌륭하다는 증거일 테니 말이다. 사실 이 단어들에는 특별한 의미가 없다. 그러나 이 중 도로·택시·신호등·오토바이·횡단보도는 도시와 연관이 있는데, 연구에 따르면 이 단어들 혹은 '유치원, 젖꼭지, 물티슈, 기저귀'를 더 쉽게 기억했을 가능성이 있다. 왜일까? 그 이유는 바로 내가 이 문제를 내기에 앞서 '도시'와 '아이'를 언급했기 때문이다.

이러한 현상을 '점화 효과(Priming Effect)'라고 한다. 두뇌가 정보를 흡수할 때 '연상'이 시작되면서 서로 연관 있는 단어들에 좀 더 주목하게 되는 것이다. 당신이 늘 아이를 돌보는 입장이라면 아이와 관련된 단어들을 좀 더 쉽게 외웠을 것이라는 얘기다. 비록 그 효과에 엄청난 차이가 있지는 않지만 확실히 차이가 있음은 실험을 통해서도 입증된 바다. 이처럼 짤막한 글귀가 우리의 기억과 반응

속도에 영향을 준다면 반복적으로 깊이 사고했을 때는 더 분명한 효과를 볼 수 있지 않을까? 이는 '끌어당김의 법칙(Law of Attraction)'과 유사한 듯하지만 '뭔가를 간절히 원하면 자석처럼 주변의 비슷한 에너지를 끌어당겨 마침내 현실로 만들 수 있다'는 《시크릿(The Secret)》속의 결론과는 엄연한 차이가 있다. 엄밀히 말하자면 '자신이 무엇을 생각하느냐에 따라 그것에 조금 더 쉽게 관심을 가질 수 있다'라는 뜻으로 이해할 수 있다.

다시 말해서 줄곧 '돈' 생각을 하면 자연히 돈에 관심을 갖게 된다는 얘기다. 다만 문제는 '돈'과 '돈을 버는 것'은 별개라는 데 있다. 잠재의식은 분별과 연상에 능하지만 계획을 세우는 데에는 약하다. 따라서 돈의 존재에 관심을 갖는 것만으로는 결코 돈을 벌 수 없다.

'돈'에 주파수를 맞추기보다
'돈 버는 것'에 주파수를 맞추는 게 낫고,
'돈 버는 것'에 주파수를 맞추기보다
'돈 벌 기회'에 주파수를 맞추는 게 낫다.

유효 주파수를 찾기 위해서는 신념과 꿈만이 아니라 '구체적이고, 현실적인 행동 목표'가 필요하다. '구체적', '현실적', '행동' 모두가 핵심인 것이다.

♣ **구체적:** 자신이 부자가 되길 원한다면 '3년 후에는 연봉 5,000만 원 받기'와 같이 구체적인 목표부터 설정해야 한다.

♣ **현실적:** '3년 후 연봉 5,000만 원 받기'라는 목표를 달성하기 위해 현재 자신의 능력 범위 안에서 할 수 있는 일은 무엇일까? 아직 목표 달성에 도움 될 기회가 나타나지 않았다 하더라도 그 과정을 상상해볼 수 있다. 예를 들어 '업무를 발굴해 실적을 쌓는 데 힘쓰고, 나아가 회사의 성과급 제도를 이용해 연봉 5,000만 원의 목표를 달성하겠어!'라는 계획은 상당히 현실적이다. 물론 여기에도 미지수가 존재하기는 하지만 로또에 당첨될 확률에 비하면 훨씬 낫다.

♣ **행동:** 현실적인 목표가 생겼다면 그다음은 어떤 행동을 취해야 비로소 목표를 향해 나아갈 수 있을까? 위의 예로 미루어본다면 '연봉 5,000만 원을 받을 수 있는 업무나 직위를 찾는 것'이 좋은 시작이 될 수 있다.

좋은 남자를 찾으려면 좋은 남자에 대한 정의부터 내리자!

인터넷에 재미있는 만화 한 편이 올라왔다. 그 만화에서 한 아름다운 여성이 두 손을 모으고 신께 빌었다.

"하나님! 부디 제게 좋은 남자를 보내주세요!"

그러자 신은 어깨를 으쓱하며 말했다.

"그동안 네 짝으로 여러 명을 보내주었는데, 모두 '좋은 사람'일 뿐이라며 거절하지 않았느냐!"

그래서 좋은 기회를 제대로 활용하려면 자신이 무엇을 원하는지부터 알아야 한다는 것이다.

M은 나의 여자 절친으로, 사업에 성공했지만 이혼 후 애정 문제에 질려 싱글생활을 하는 중이었다. 물론 그녀는 혼자서도 즐겁게 지냈다. 그러나 마음 한편으로는 늘 자신의 곁에 있어줄 누군가를 바랐다. 그러던 어느 날 그녀는 등산을 갔다가 산 정상에서 바라본 풍경에 취해 즉흥적으로 종이에 자신만의 'Mr. Right(이상형)' 조건을 써 내려가기 시작했다.

그날 일을 얘기하며 그녀는 말했다.

"예전엔 그런 목록을 작성하는 게 무슨 소용인가 싶었거든? 그런데 막상 해보니까 이 사회나 다른 사람의 가치관에서 벗어나 좀 더 솔직하게 나 자신을 마주할 수 있더라고."

그녀가 거침없이 써 내려간 10여 개의 '이상형의 조건'에 흔히 말하는 '키 크고, 돈 많고, 잘생긴' 남자는 없었다. '성숙한 마음을 가진 사람', '돈에 대한 책임감이 있는 사람(단, 돈에 인색하지 않은)', '밝고 긍정적인 사람', '호기심과 장난기가 있는 사람', 그리고 '잠자리에서 다양한 시도를 할 줄 아는 사람(그녀 왈, 다들 속으로 이 점이 중요하다는 사실을 인정할 거라고 했다)' 등 그녀가 진심으로 중요하다고 여기는 조건들로 채워졌다. 그렇게 다 적고 난 후 그녀는 홀가분함을 느꼈지만 더 이상 이를 생각하진 않았다.

이후 그녀는 한 남자를 만났고, 두 사람은 환상의 호흡을 자랑하며 이내 교제를 시작했다. 그러던 어느 날 이상형의 조건을 적은 종이를 배낭 속 가이드북 사이에 끼워두었다는 사실이 불현듯 떠오른 M은 서둘러 그것을 찾아보았다. 상대의 일부 조건(예를 들면 인종)이 그녀가 생각했던 것과 다른 듯했기 때문이다. 그러나 목록에는 애초에 인종에 관한 조건이 없었다. 그녀는 말했다.

"사실 아시아 남자를 만나는 건 처음이라 조금 걱정했었어. 그런데 내가 적어놓은 목록을 보니까 그런 건 전혀 문제가 되지 않는다는 걸 알겠더라. 가장 중요한 조건들은 다 가졌더라고, 그 남자가."

그 후로 12년이 지났지만 그들은 여전히 잘 어울리는 한 쌍으로서 즐거운 동거생활을 함께하고 있다.

《시크릿》의 내용을 믿는 사람들은 이렇게 말할 것이다.

"그녀가 진심으로 참사랑을 원했기에 진정한 운명의 상대를 만난 겁니다!"

하지만 M은 말한다.

"이건 끌어당김의 법칙과는 무관하다고 생각해. 사실 내가 쓴 목록의 진짜 가치는 나 자신을 똑바로 바라보게 해준 데 있으니까."

M이 진정한 운명의 상대를 만날 수 있었던 이유는 자신이 정말로 원하는 상대가 어떤 사람인지를 분명히 알았기 때문이다.

* **Be realistic**: 당신의 바람은 그저 추상적인 꿈이 아닌 현실적이고 구체적인 목표여야 한다.
* **Be proactive**: 요행만 바라서는 절호의 기회를 놓치기 십상이다. 그러므로 주파수를 조정한 후에는 마땅히 행동해야 한다.
* **Be honest**: 진실하게 자신과 마주해 자기가 진짜 원하는 것이 무엇인지를 알아야 한다. 남들을 따라가더라도 자기 자신을 분명하게 알아야 비로소 그 틀을 깰 기회를 발견할 수 있다. 다만 한 가지 기억해야 할 점은 사람은 누구나 변하는 만큼 자신의 변화도 솔직하게 마주해야 한다는 것이다.

중요한 일은 세 가지 이내로

아침에 일어나자마자 온몸이 찌뿌듯한 사람들이 있다. 눈을 뜨기도 전에 오늘 해야 할 일부터 생각하기 때문이다. 무슨 일이 있으면 바로 처리해야 하고, 중요한 회의가 있으면 꼭 열어야 직성이 풀리기에 그들의 'To do list'는 언제나 빼곡하다. 해가 바뀔 때면 어김없이 신년 소망을 잔뜩 나열하는 것도 이들의 특징이다. 물론 현실적으로 그 소망을 모두 실현할 수는 없다는 걸 알지만 그럼에도 뭔가 해야만 할 것 같다는 생각을 한다. 아마 이들에게 '머리 비우기'를 하라고 하면 종이 10장도 모자랄 것이다!

그렇다고 이들이 비능률적이라고 할 수는 없다. 이들은 행동파로, 능률을 따진다면 그 누구에게도 뒤지지 않는다. 운전할 때는 무조건 빠른 길을 선택하고, 일을 처리할 때도 철저히 계획을 세운다. 반응도, 행동도, 심지어 말도 빠르며 마치 부스터를 단 듯 온종일 멈출 줄을 모른다. 그러나 워커홀릭인 이들도 정작 제일 중요한 개인적 계획을 실천에 옮기지 못하고 있다며 불평을 늘어놓는다. 시간이 없다면서 말이다.

'시간이 없다'는 말은 우리가 가장 흔히 듣는 핑계이자 정당한 핑계이다. 어쨌든 우리의 하루는 24시간이니 말이다. 예전에는 인간이 두뇌의 10%밖에 사용하지 않는다는 말(이는 이미 억설로 밝혀졌다)을 듣고 인간의 지력이 무한하다고 여기는 사람이 많았다. 그런 까닭에 방법만 제대로 알면 능률을 높여 한 번에 여러 일을 처리하며 적은 노력으로 큰 성과를 얻을 수 있을 것이라 생각했다. 하지만 정말 그럴까?

당연히 아니다. 능률에 대한 이런 오해가 사실은 우리의 능률을 저해하고 있다. 물론 우리의 두뇌가 동시에 여러 일을 처리할 수 있는 것은 맞지만 사실 우리의 '집중력'은 지극히 제한적이다. 멀티태스킹(Multitasking)을 하는 것처럼 느껴질 때도 실은 집중력의 빠른 전환이 일어난다는 뜻이다. 워커홀릭들에게 이러한 전환 과정은 자신의 통제욕구를 만족시키고 나아가 쾌감을 느끼는 포인트가 된다.

하지만 사실상 이들이 집중의 대상을 변경할 때마다 약간의 지연이 생긴다. 마치 카메라가 자동으로 초점을 맞출 때처럼 말이다.

동시에 여러 일을 하는 것보다 한 번에 한 가지 일에 집중하는 것이 낫다는 사실은 이미 연구를 통해서도 입증된 바다. 그러나 너무 오랜 시간 집중하는 것도 좋지 않다. 30분에 한 번씩 두뇌에 짧은 휴식을 주는 게 가장 좋다. 요즘 무료 앱까지 출시되며 인기를 끌고 있는 '뽀모도로 기법(Pomodoro Technique)'도 바로 25분의 집중에 5분의 휴식을 더한 방법이다.

한편 두뇌는 동시에 여러 정보를 처리할 수 있지만 이 역시 한계가 있다. 학자들이 발견한 사실에 따르면 강연을 들은 후 사람들은 대부분 세 가지 중점만 기억하고, 낯선 사람을 만났을 때도 대개 세 가지 특징만을 기억한다고 한다. 어떤 멜로디나 외국어, 임의의 숫자를 들었을 때, 우리의 두뇌에서는 3초 정도의 '소리 회로'가 작동한다. 그 시간 안에 소리를 '해독'하고 이해하지 못한다면(혹은 끊임없이 반복하거나) 3초를 넘어가는 부분은 기억하지 못한다는 뜻이다.

그리고 보면 '세 번 생각하고 행동하라', '세 번 반복하여 읽고 음미하라'라는 옛말에서 '3'이라는 숫자가 괜히 나온 것이 아니다. 이는 현대 심리학자들도 인정하는 부분이다. 학습 전문가 아트 마크먼(Art Markman)은 다른 사람과 소통할 때 가능한 한 '3의 법칙(The Rule of Three)'을 준수해야 한다며, 정보를 세 가지 중점으로 정리해야 상대가 이를 더 쉽게 기억할 수 있다고 조언한다.

많은 사람이 초조함을 느끼는 이유는 한 번에 너무 많은 일을 처리하려고 하기 때문이다. 당신은 얼마든지 일을 잘해내고, 아이를 살뜰히 돌보며, 가족과 충분한 시간을 보내고, 자기계발에 힘쓰며, 몸을 가꿀 수 있다. 그러나 당장 1월 1일부터 이 모든 일을 해내려 한다면 스스로 지쳐 나가떨어질 뿐이다. 모든 변화에는 시간과 체력이 필요하기 때문이다. 그러니 '같은 실수를 세 번 거듭해서는 안 된다'는 격언을 살짝 변형해 '중요한 일은 세 가지를 넘어서는 안 된다'는 말로 바꿔보자.

주파수를 조정할 때도 마찬가지다. 너무 많은 계획이 있으면 모든 기회에 가능성이 있는 것처럼 느껴지고, 모든 조언에 받아들일 만한 가치가 있어 보이며, 모든 새로운 일에 도전해봄 직한 착각이 들기 십상이다. 하지만 결과는? 닥치는 대로 시도하며 헛된 노력을 하거나 어려운 선택에 갈팡질팡하다 제자리걸음만 하게 된다. 물론 그렇다고 자신의 꿈을 제한하라는 뜻은 절대 아니다. 우리는 얼마든지 많은 꿈을 꿀 수 있다. 다만 실질적으로 '주파수를 조정할 때' 만큼은, 다시 말해서 우리의 집중력과 연상 능력을 고정할 목표만큼은 세 개를 넘지 않는 것이 좋다.

아이젠하워 박스

혹자는 이렇게 말할 것이다.

"평소에도 몸이 열 개라도 모자랄 판인데 주파수를 조정할 틈이 어디 있겠어요?"

그러나 틈은 있다! 일부러 틈을 내야겠지만 말이다. 다행히 방법은 어렵지 않다. 약간의 예비 정리만 하면 된다. 어떻게? 능률 높이기의 대가로 통하는 근대사회의 위인을 통해 그 방법을 배워보자.

드와이트 아이젠하워(Dwight D. Eisenhower)는 미국의 제34대 대통령으로, 1953년부터 1961년까지 두 번 연임했다. 주(州)간 고속도로(Interstate Highway)를 비롯해 군용통신망(인터넷의 전신), NASA 등 미국의 수많은 주요 인프라가 그의 지휘하에 건설되었다. 그는 5성 장군으로, 제2차 세계대전 당시 연합군 사령관을 지냈으며, 북대서양조약기구(NATO)의 최고사령관을 역임했다. 그는 군인이자 정치가이며 유화가(그가 그린 처칠의 초상은 그야말로 생동감이 넘친다)이기도 했다. 거기에 골프 실력도 대단했다. 아, 컬럼비아대학교의 총장을 지내기도 했다. 그는 어떻게 이토록 많은 업적을 쌓을 수 있었을까?

그의 비결은 바로 해야 할 일들을 하나하나 살펴보고 이를 분류한 다음 처리하는 데 있었다. 일명 '아이젠하워 박스(Eisenhower Box)'라고 불리는 그의 비결은 오늘날까지도 많은 비즈니스 코치에게 활용되고 있다. 아이젠하워 박스는 긴급성과 중요도를 기준으로 일의 우선순위를 배분하는 방법으로 모든 일을 다음과 같이 나눈다.

	긴급함 URGENT	긴급하지 않음 NOT URGENT
중요함 IMPORTANT	**DO** 지금 할 것 글쓰기	**DECIDE** 시간 날 때 할 것 운동하기, 가족과 친구에게 전화하기, 자료 찾기
중요하지 않음 NOT IMPORTANT	**DELEGATE** 도움을 청할 것 미팅 잡기, 제안 수락하기, 중요한 메일에 회신하기, 글 공유하기	**DELETE** 삭제할 것 TV 보기, SNS 확인하기, 메일 휴지통 정리하기

❶ 긴급하면서도 중요한 일(예컨대 내일이 원고 마감인 칼럼)이라면 DO로 분류해 오늘 당장 처리한다.

❷ 중요하지만 긴급하지 않은 일(예컨대 다음 책을 위한 자료 조사)은 DECIDE로 분류해 시간 계획을 짠다.

❸ 긴급하긴 하지만 중요하지 않은 일이라면 DELEGATE로 분류해 다른 사람에게 맡긴다.

❹ 긴급하지도, 중요하지도 않은 일은 DELETE로 분류해 일정에서 그냥 삭제해버린다!

아이젠하워 박스는 매우 효율적이며 논리가 명확한 방법이다. 스티븐 코비(Stephen Covey) 또한 성공학의 바이블이라 평가받는 그의 저서 《성공하는 사람들의 7가지 습관(The Seven Habits of Effective People)》에서 이를 일곱 가지 핵심 습관 중 하나로 꼽았다. 그렇다면 어떻게 해야 이 형식에 자신의 To Do's를 대입할 수 있는지 알아보자!

Try this 9

이전에 '머리 비우기'를 했던 그 종이를 꺼내보자(그 후로 다시는 꺼내보지 않았겠지만). 어수선해 보일 테지만 괜찮다. 애초에 의식의 흐름대로 기록했던 것이니 말이다. 머릿속에 있을 때 안개가 낀 듯 당신에게 괴로움을 안겼던 이 생각들은 나는 '고민 구름'이라고 부르겠다. 자, 그럼 이제 이를 새로운 종이에 옮겨 적은 다음 또 다른 색의 펜으로 해야 할 필요가 있는 일들에 동그라미를 쳐보자.

영화 보기

저자에게 수정 원고 보내기

아이의 시험공부 도와주기

집 안 청소하기

표지 문안 작성하기

제주도 여행 계획 세우기

요가 수업 듣기

친구와 약속 잡기

케이크 굽기

전화비 납부하기

생일선물 구매하기

저자에게 원고 독촉하기

소설 읽기

위생봉투 구매하기

그런 다음 이 항목들을 아이젠하워 박스에 분류하고 스스로 자문해보는 것이다(이것이 핵심이다).

'나는 각 칸에 적힌 일들을 처리하는 데 하루 중 얼마의 시간을 할애하고 있는가?'

	긴급함	긴급하지 않음
중요함	저자에게 수정 원고 보내기, 표지 문안 작성하기, 아이의 시험공부 도와주기	생일선물 구매하기, 저자에게 원고 독촉하기, 요가수업 듣기, 홋카이도 여행계획 세우기
중요하지 않음	집 안 청소하기, 전화비 납부하기	영화 보기, 소설 읽기, 친구와 약속잡기

♣ ♣ ♣

'긴급하고 중요한' 일에 시간 대부분을 할애하고 있다면 기본적으로 당신은 '소방대원'과 같은 삶을 살고 있다고 할 수 있다. 그러니 온전한 자신만의 시간이 없을 수밖에! 그렇다고 자책은 하지 말자. 당신뿐만 아니라 많은 사람이 그렇게 위대하지만 힘든 시간을 보내고 있으니 말이다.

그럼 '중요하지만 긴급하지 않은' 일들을 살펴보자. 이 칸에 분류된 일들에는 우리의 장기적인 계획과 바람, 자기계발, 혹은 자신과 가족의 미래에 대한 계획이 포함되어 있다. 이런 일들이야말로 우리의 생활을 대폭 개선해 삶의 질을 높일 수 있는 일임을 나도 알고, 당신도 알고 있다. 그러나 우리는 유독 이러한 일들에 가장 적은 시간을 할애하고 있다. 스티븐 코비의 연구 결과에 따르면 보통 사람들은 '중요하지만 긴급하지 않은' 일에 단 5%의 시간만을 투자하고 있다고 한다. 우리는 왜 유독 중요하지만 긴급하지 않은 일에 행동력을 발휘하지 못하는 걸까? 정말로 우리에게 자율성이 부족해서일까? 아이젠하워 박스의 각 항목을 대하는 사람들의 '내적 독백'을 적어보자면 이렇다.

긴급함 URGENT	긴급하지 않음 NOT URGENT
DO '이 일들은 하늘이 무너지는 한이 있더라도 반드시 해야 해!'	**DECIDE** '중요한 일들인 건 알지만 지금은 너무 바쁘니 나중에 시간 날 때 제대로 하자!'
DELEGATE '별로 중요하지 않다는 건 잘 알지만 그렇다고 누구에게 맡기겠어? 내키지 않더라도 내가 처리할 수밖에. 어차피 다른 사람에게 맡기려면 가르쳐야 하고, 그러면 또 시간이 들잖아!'	**DELETE** '일을 그렇게 열심히 했는데 최소한 쉴 틈은 있어야지!'

중요함 IMPORTANT

중요하지 않음 NOT IMPORTANT

이를 보고 자신의 속마음과 비슷하다고 생각했다면 우리는 친구가 될 수 있을 것이다. 이는 나의 속마음이기도 하기 때문이다. 우리가 이러한 마음가짐을 떨쳐내려면 눈앞에 놓인 아이젠하워 박스를 냉정하게 평가할 필요가 있다. 자신이 왼쪽 칸의 일들을 처리하는 데 하루의 시간 대부분을 보내고 있다면 당신은 소위 '반응적 삶(Reactive Life)'에 빠져 있을 가능성이 크다. 다시 말해서 매우 바쁘지만 '수동적'인 삶을 살고 있다는 뜻이다. 기한에 쫓겨 자신을 몰아붙일 때, 그리고 긴급하지만 중요하지 않은 일을 할 때, 우리는 틈만 나면 게임이나 인터넷 서핑, 드라마 몰아보기 등을 하려고 한다. 자기계발을 위한 일들은 머리를 많이 써야 하니 나중에 하자고 미루면서 말이다. 그러나 문제는 이러한 상황이 반복되면서 망중한만을 찾게 되고, 스트레스가 많다고 느끼면서도 '인생이 다 이런걸, 어쩔 수 없잖아!'라고 생각하게 된다는 점이다.

"대부분의 사람은 묵묵히 절망의 삶을 살아간다"는 헨리 소로(Henry David Thoreau)의 말은 바로 이러한 의미다. 그 뒤로 이어지는 말은 더 멋지다.

대부분의 사람은 묵묵히 절망의 삶을 살아간다. ……
그리고 끝내 부르지 못한 그 노래를 마음에 품은 채 무덤으로 들어간다.

이 얼마나 품위 있고 적절한 표현인가! 여기서 '그 노래'란 당신이 미처 발휘하지 못한 잠재력이자 실현하지 못한 꿈이며, 당신의 Lucky Breaks다. 많은 사람이 처음엔 꿈을 좇다 꿈을 기다리는 신세로 전락하고, 좀처럼 다가오지 않는 꿈에 "인생이 다 이렇지, 뭐!"라며 한탄한다.

그러나 당신이 정말로 해야 할, 당신의 진정한 꿈은 아이젠하워 박스 우측 상단 칸에 분류한 그 일들이다. 이는 '행운'에 대한 내 깨달음의 열쇠이기도 하다.

Lucky Breaks에도 시간이 필요하다.

기회와 시간이 충분한 사람은 운이 좋은 사람이며,

시간이 없는 사람은 행운과 협상할 밑천이 없는 것과 같다!

우리가 매일 꼭 해야 할 일은 왼쪽 칸에 있지만 행운과 발전의 기회는 오른쪽 칸에 있다. 그러므로 오른쪽 칸에 적힌 일들을 처리하기 위한 시간을 내야 한다. '시작을 위한 계획'을 세워 '오늘 당장 시작'해야 한다.

알다시피 우리의 두뇌에는 한계가 있기 때문에 왼쪽 상단 칸의 일에 지나치게 시달리다 보면 시간이 나더라도 오른쪽 상단 칸의 일에 정신을 쏟을 여유가 없어진다. 그렇기 때문에 하루하루 엄격하게 정신력을 분배할 필요가 있다.

요컨대 '주파수 조정'에 필요한 몇 가지 키포인트는 다음과 같다.

❶ 먼저 머리를 비운 후 '접지' 기술을 활용해 생각의 갈피를 바로잡는다.

❷ 오늘의 주파수 조정 목표를 세 가지 이내로 줄인다.

❸ 이 세 가지 목표를 달성하기 위한 행동을 결정한다.

자신이 그린 아이젠하워 박스에서 세 가지 일을 골라 시작해보자. 단, 이 중 두 가지는 왼쪽 상단의 '중요하고 긴급한' 일에서, 나머지 하나는 오른쪽 상단의 '중요하지만 긴급하지 않은' 일에서 선택해야 한다. 그런 다음 오늘은 무슨 일이 있어도 이 세 가지 일부터 마치고 다른 일을 하겠다고 다짐하자. 오른쪽 상단에서 선택한 일이 큰 계획에 속한다면 이를 작게 쪼개 매일 1시간, 또는 30분이라도 좋으니 목표를 향해 조금씩 정진하도록 하자.

어떤 일을 선택할지는 전적으로 자신의 결정에 달려 있다. 매일 다른 세 가지를 선택해도 좋고, 일을 끝마칠 때까지 같은 일 세 가지를 해도 좋다. 그저 매일 아침 잠자리에서 일어나면 다른 일은 생각 말고, 일단 이 세 가지 일에 '주파수를 조정'해보는 것이다.

중요하진 않지만 긴급한 왼쪽 하단의 일을 꼭 처리해야 하는 상황이라면? 물론 왼쪽 하단의 일을 선택할 수 있다. 그러나 이럴 때는 왼쪽 상단의 일 한 가지를 포기해야 한다. 어쨌든 주파수 조정 목표는 하루 세 가지 그 이상도 이하도 아니게 유지하는 것이 관건이다.

♣ ♣ ♣

우리가 반드시 이를 지켜야 하는 이유는 여러 심리학 연구를 통해 밝혀졌듯 중요한 건 시간이 아니라 바로 두뇌의 힘이기 때문이다.

매일 세 가지 일에 집중력을 쏟는 것쯤은 그리 큰 부담이 되지 않는다. 한꺼번에 많은 일을 걱정할 필요가 없어서다. 게다가 세 가지 일을 하는데 60% 혹은 그 이상의 에너지를 사용했다 하더라도 이미 가장 중요한 일을 마쳤으니 남은 에너지와 시간으로도 얼마든지 다른 일을 할 수 있다.

"일이 너무 많아서 그러는데 일단 왼쪽 상단 칸에서 세 가지를 골라 처리하고 여유가 좀 생기면 그때 오른쪽 상단의 일들을 하면 안 될까요?"라고 묻는다면 미안하지만 그건 안 된다! 자신이 더 나은 삶을 살길 원한다면, 더 행복한 인생을 누리길 바란다면 '취사선택'을 할 줄 알아야 한다. 게다가 자신의 미래를 위해 매일 1시간을 할애하라는 게 그리 무리한 요구도 아니지 않은가!

물론 처음에는 어색하고 불편할 것이다. 왼쪽 칸에 적힌 일들을 처리하지 않으면 큰일이라도 날 것 같은 기분이 들 테니 말이다. 그러나 단언컨대 매일 이 방법에 따라 주파수를 조정하다 보면 어느새 한결 마음이 가벼워진 자신을 발견할 수 있을 것이다. 물론 하늘이 무너지는 일도 없을 테고 말이다. 그러니 명심하라.

당신이 바라는 운 좋은 인생은
아이젠하워 박스의 왼쪽이 아닌, 오른쪽에 있다!

잠재의식의 영향

마지막으로 공유하려는 주파수 조정의 기술은 바로 심리학에서도 꽤 흥미로운 범주에 속하는 잠재의식의 영향을 이용하는 것이다.

'서블리미널 광고(Subliminal Advertising)', 즉 잠재의식에 호소하는 광고는 한때 심리학에서 핫한 연구 분야였다. 물론 이에 가장 큰 관심을 보인 것은 광고 회사였다. 서블리미널 광고란 TV 프로그램이 방영되는 도중 1/5초 정도로 빠르게 제품 사진이나 브랜드 로고를 노출하는 방법으로, 전혀 의식하지 못한 자극이 일반인들에게 모종의 영향을 줄 수 있다는 심리학적 사실을 이용한 것이다. 실제로 한 연구에서 피실험자들에게 〈심슨네 가족들〉을 보여주며 중간 중간 '갈증'이라는 단어와 코카콜라 병의 윤곽을 노출하자 프로그램 시청 후 이들은 역시나 갈증을 느끼는 모습을 보였다. 그렇다면 이러한 효과가 구매 행위로 이어질 정도로 충분했을까?

연구 결과에 따르면 원래 목이 말랐던 사람의 경우 무의식적으로 음료에 관한 영향을 더 쉽게 받는 것으로 나타났다. 마찬가지로 원래 배가 고팠던 사람은 음식에 관한 정보에 특히 영향을 받는 모습을 보였다. 다시 말해서 잠재의식에 호소하는 광고의 효과가 애초에 할 생각이 없었던 일을 하게 만들 만큼 대단하지는 않다는 뜻이다. 기본적인 '의향'이 있어야 이러한 정보들이 '알림' 효과를 내 그 일을 더 하고 싶게 만드는 것이다.

그러니 좀 더 효과적으로 '주파수를 조정하고 싶다'면 다음 방법으로 자신의 잠재력을 일깨워보자.

Try this 11

우선 포스트잇을 준비하자(색깔은 중요하지 않으니 마음에 드는 것을 고르면 된다). 그런 다음 굵은 펜으로 오늘의 주파수 조정 목표 세 가지를 포스트잇에 적자. 목표 하나당 포스트잇 한 장에 적되, 글씨는 크고 간결해야 한다. 가장 좋은 방법은 키워드를 적는 것이다. 예를 들어 '내일 제출할 업무보고서 작성하기'가 목표라면 '보고서'라고만 적는 것이다. 그림으로 글자를 대체하는 것도 좋은 방법이다. '책 읽기'라는 글자 대신 책을 그려 넣는다거나 '꽃집 가기'라는 글자 대신 꽃 한 송이를 그려 넣는 식으로 말이다.

이 작업을 끝내고 나면 자신이 자주 지나다니는 곳이나 게으름을 피우기 쉬운 장소에 이 세 장의 포스트잇을 붙여놓는다. 사무실 책상에 앉아 있는 시간이 많다면 책상 옆 벽에 붙이면 되고, TV 보기를 즐긴다면 TV 옆에 붙이면 된다. 남들 눈에 그 포스트잇이 띄는 게 꺼려진다면 티 나지 않는 곳에 붙여도 좋다. 하루에 몇 번씩 자신이 무심코 바라볼 수 있는 곳이면 된다.

♣　♣　♣

사실 포스트잇은 존재 자체만으로도 눈에 띄는 표시이기 때문에 이들을 의식하기란 어려운 일이 아니다. 그러나 이를 며칠간 지속하다 보면 포스트잇의 존재에 무뎌질 수도 있다. 매일 같은 자리에 포스트잇을 붙이고 그렇게 한 달이 지나면, 이는 당신이 있는 환경 속에서 당연한 일부분이 될 테니 말이다. 이렇게 되면 포스트잇에 대한 주의력은 당연히 떨어질 것이다. 하지만 그렇다고 걱정할 필요는 없다. 당신의 눈길이 스치는 것만으로도 당신의 잠재의식을 일깨우는 효과는 여전할 테니 말이다.

포스트잇 세 장의 또 다른 장점은 빼곡하게 할 일이 나열된 To do list를 매번 들여다보지 않아도 되기 때문에 아직 끝내지 못한 일들로 걱정하며 괴로워할 필요가 없다는 것이다.

물론 To do list를 작성하는 건 좋다. 그러나 이는 주파수 조정에 도움이 되지 않는다. 가장 중요한 일 세 가지를 적당히 처리해 어느 정도 진전을 본 후 다시 To do list를 확인하면 아마 전혀 다른 기분을 느낄 수 있을 것이다.

요컨대 포스트잇은 자신의 환경에 숨겨두는 일종의 '큐 사인'으로, 당신의 의식(과 잠재의식)을 일깨워 우선 처리해야 할 일들에 집중하고 이를 완수하는 데 도움을 줄 것이다.

주파수 조정은 단계별로 천천히

간단히 말하면 주파수를 조정하는 과정은 다음 4단계로 나눌 수 있다.

- ♣ **1단계**: 자신의 '고민 구름' 혹은 To do list를 '아이젠하워 박스'에 분류한다(일주일에 한 번 정도면 충분하다).
- ♣ **2단계**: 잠자리에 들기 전 아이젠하워 박스의 왼쪽 상단 칸에서 두 가지를, 오른쪽 상단 칸에서 한 가지를 골라 총 세 가지 할 일을 선택한다.
- ♣ **3단계**: 이 세 가지 할 일을 세 장의 포스트잇에 각각 키워드로 적거나 그림으로 그려 넣는다. 이렇게 '선택'과 '필기'를 통해 이미 당신의 주파수 조정 시스템을 가동했으니, 세 장의 포스트잇을 머리맡에 두고 편안히 잠을 청한다.
- ♣ **4단계**: 아침에 일어나 포스트잇을 빠르게 한 번 확인한다. 특별히 그에 대한 생각을 할 필요는 없다. 그저 출근할 때 포스트잇을 챙겨가 자신의 눈에 잘 띄는 사무실 어딘가에 붙여놓기만 하면 된다.

이렇게 간단하다! 따로 고민할 필요도 없고, 시간을 들여 세세한 계획을 세울 필요도 없다. 주파수 조정 후, 당신의 잠재의식은 포스트잇에 적힌 지령을 받아들일 것이다. 그리고 그 세 가지 일에 관련

된 정보에 주의를 기울이도록 두뇌의 자동여과 시스템이 작동하기 시작할 것이다. 이때 평소에는 미처 알지 못했지만 임무 완수에 도움 되는 많은 것이 당신 앞에 속속 모습을 드러낼 것이다.

이 훈련은 업무효율을 높여 장기적으로 더 많은 성과를 내는 데 큰 도움이 된다. 그런데 이게 행운과 무슨 관계가 있냐고? 좋은 질문이다! 나도 이 훈련법을 배운 후에야 '기회'가 '주파수 조정'에서 어떤 역할을 하는지 설명할 수 있게 되었으니 말이다. 이제 다음 편을 살펴보자!

LUCKY
BREAKS

주파수 조정

폭넓게 섭렵하고,
깊이 관찰하기

FINDING
YOUR
LUCKY
BREAKS

루이스 파스퇴르(Louis Pasteur)는 말했다.
"행운은 준비가 된 사람에게만 미소 짓는다."
Lucky Breaks 또한 무(無)에서 창조되는 유(有)가 아니다. 현재의 조건 속에서 영감을 발견하고, 창의력을 발휘해 다시 이를 자원과 연결할 때 무한한 기회를 만들 수 있다.

행운은 준비된 자의 것

앤디 힐데브란트(Andy Hildebrand)는 수학 천재이자 정말 운이 좋은 사람이다. 그는 엑슨 모빌(Exxon mobil)에서 음파로 지질을 탐사하는 방법을 연구 개발한 적이 있다. 그 정확한 원리는 나도 잘 모르지만(어쨌든 난 수학 천재가 아니니까) 지질에 따라 음파 전달 속도가 다르다는 점을 이용한 방법이었다. 지면에 특정 음파를 보낸 다음 그 음파가 되돌아올 때의 파형을 분석해 지하에 유전이 있는지 없는지를 좀 더 정확하게 예측할 수 있도록 만든 것이다. 이 시스템으로 엑슨 모빌은 많은 비용을 절약할 수 있었고, 앤디 힐데브란트 역시 조기 은퇴를 할 만큼 큰돈을 벌었다. 사실 그는 음악을 가장 사랑했다. 학창 시절에는 프로 플루티스트를 꿈꿀 정도였다. 그리하여 조기 은퇴를 한 그는 그간의 음파 연구와 녹음 기술을 결합할 방법에 대해 고심하기 시작했다.

그러던 어느 날, 한 저녁 모임에서 친구의 아내가 그에게 농담조로 말했다.

"노래할 때 음 이탈이 나지 않게 해주는 기계를 발명한다면 정말 대박일 텐데!"

무심코 던진 이 농담에 순간 그의 아이디어가 번뜩였다.

'맞아! 음파로 지질도 분석하는데 음의 정확도라고 분석하지 못하겠어?'

그는 곧바로 연구를 시작했고, 수많은 실험 끝에 어떤 악기의 소리든 정확한 음계로 끌어올리면서도 원래 소리를 잃지 않는 레코딩 프로그램 오토튠(Auto-Tune)을 설계했다.

그의 프로그램은 현재 전 세계 녹음실에서 사용되고 있으며, 정도의 차이는 있지만 거의 모든 가수가 오토튠의 도움을 받아 후보정을 한다고 해도 과언이 아니다. 심지어 오토튠 덕분에 노래를 못하는 사람도 음반을 낼 수 있게 되었다. 이후 일부 프로듀서는 오토튠의 가장 극단적인 설정을 이용해 사람의 목소리를 기계음처럼 들리도록 만드는 효과를 내기도 했는데, 이러한 '오토튠 효과(Auto-Tune Effect)'는 지금까지도 여러 팝 앨범에서 널리 사용되고 있다. 오토튠은 그야말로 새로운 장르가 되어 음악의 역사를 새로 썼다.

당시 저녁 모임에서 친구의 아내가 그런 농담을 하지 않았다면 앤디 힐데브란트는 오토튠을 만들어낼 생각을 하지 못했을지도 모른다. 무심코 던진 한마디에 그 부인은 앤디 힐데브란트의 귀인이 되고, 그는 음악계의 귀인이 되었다. '행운은 준비가 된 사람에게만 미소 짓는다'는 루이 파스퇴르의 명언 그대로였다. 엑슨 모빌에서 10여 년간 연구하며 보낸 준비의 시간 덕분에 지나가는 농담을 행운 기회로 만들 수 있었으니 말이다.

퍼시 스펜서(Percy Spencer)의 이야기도 이와 비슷하다. 제2차 세계대전 기간에 그는 미국의 한 군수장비 회사에서 레이더 시스템을 개발하는 일을 맡았다. 여느 때와 다름없이 레이더기기를 앞에 두고 연구를 진행하던 중 그는 우연히 주머니에 넣어두었던 초콜릿이 녹아 있는 것을 발견했다. 실험실의 몇몇 동료도 종종 겪었던 일이지만 다들 레이더 연구에 몰두하느라 이에 특별히 신경을 쓰는 사람은 없었다. 그러나 퍼시 스펜서는 이에 대한 호기심을 가지고 초콜릿이 녹는 원인을 밝혀냈을 뿐만 아니라 새로운 기기를 발명해 방대한 사업 기회를 만들고 나아가 현대인의 삶까지 바꿔놓았다. 그 기기가 바로 '전자레인지'다.

앤디 힐데브란트와 퍼시 스펜서의 천재성은 남들이 지나치는 곳에서 가능성을 보는 눈에 있었다. 그들이 남달리 똑똑하기 때문 아니냐고? 그럴지도 모른다. 하지만 단순히 공부를 많이 했다고 해서 반드시 준비된 사람이라고 할 수는 없다. 그렇다면 소위 모범생들은 모두 억만장자가 되어야 하지 않겠는가? 그러나 역사상 위대한 발명가와 기업가 중에는 의외로 고학력자가 많지 않다(퍼시 스펜서는 초등학교도 졸업하지 못했다). 어릴 때 천재로 인정받았던 사람들이 오히려 커서는 대성하지 못하는 경우도 허다하다.

재능이 있으면서도 살면서 이를 펼 기회를 만나지 못한다면 이 얼마나 안타까운 일인가! 따지고 보면 우리에게 행운을 가져다주는 것은 보통 사소한 영감이나 기회다. 그 사소한 영감, 혹은 기회가 우리의 잠재력을 이끌어내고 나아가 특기를 살려 인생의 큰 행운, 즉 Lucky Breaks를 만들어내는 것이다.

한마디로 Lucky Breaks는 우연한 기회 또는 영감에
이제껏 갈고닦아온 경험과 특기가 더해져 만들어지는 의외의 결과다.

문제는 어떻게 해야 '창의력 천재'들이 그랬듯 '재능'에 '기회'를
더할 것인가인데, 이제부터 이를 주제로 이야기해볼까 한다.

메디치 효과 창출하기

로마제국이 쇠퇴한 후 유럽사회는 종족들 간의 빈번한 전쟁으로
천 년 남짓 '암흑기'에 빠진다. 이 시기 사람들은 끊이지 않는 전쟁
으로 굶주림에 시달렸고, '흑사병'이라는 대재앙까지 겪었다. 그러
던 중 15세기 이탈리아의 소도시 피렌체(Florence)에서 예술가들이
대거 등장해 문화의 발전을 이룩하면서 서양 역사상 가장 찬란한
'르네상스(Renaissance)'를 꽃피우게 된다. 그런데 이 모든 것이 왜
피렌체에서 시작되었을까? 속된 말로 물이 좋아서였을까?

당시 피렌체는 유럽의 무역 요충지였다. 아시아와 유럽 각지의 상
인들이 모여드는 곳인 만큼 삶의 질이 높고 다양한 문화가 공존했
다. 특히 피렌체의 문화 발전에 큰 공을 세운 사람들은 현지의 유력
상인들이었는데, 그중에서도 막강한 부를 자랑하던 메디치 가문은
예술가들에 대한 후원을 아끼지 않으며 그들의 작품을 피렌체 성당

과 광장에 전시하는 등 문화 발전에 힘썼다. 이에 각지의 예술가들도 피렌체로 모여들었는데 여기에는 레오나르도 다빈치, 미켈란젤로, 보티첼리 등과 같은 대가들이 포함되어 있었다.

많은 자원과 인재, 그리고 자본주까지 삼박자를 두루 갖췄으니, 왜 피렌체가 르네상스의 발상지가 되었는지도 알 만하다. 작가 프란스 요한슨(Frans Johansson)은 이를 예시로 "서로 다른 여러 문화와 지식, 생각이 한곳에서 교차 융합될 때 폭발적인 시너지를 낼 수 있다"며 '혁신'의 조건을 정의하고 이를 '메디치 효과(Medici Effect)'라 명명했다.

오늘날 이러한 메디치 효과가 가장 뚜렷하게 나타나는 곳은 단연 실리콘밸리일 것이다. 실리콘밸리는 21세기의 피렌체라고 해도 손색이 없을 만큼 젊은 인재들의 활발한 교류로 에너지가 넘친다. 커피숍 어딜 가나 세계 각지에서 모여든 창업자들이 자신의 새로운 회사를 소개하며 협력의 기회를 모색하는 모습을 쉽게 찾아볼 수 있다. 그곳에서 일하는 친구의 말을 빌리자면 실리콘밸리에서는 매일 같이 새로운 아이디어들을 접하다 보니 창업 생각을 안 하는 게 더 어려울 정도랄까!

물론 그렇다고 군이 실리콘밸리로 이주할 필요는 없다. 아무리 시대와 환경이 영웅을 만든다지만 스스로도 얼마든지 '메디치 효과'를 낼 수 있기 때문이다. 프란스 요한슨은 스스로 '메디치 효과'를 내려면 먼저 세 가지 습관을 들여야 한다고 말한다.

❶ **폭넓게 교류하기**: 특히 나와는 다른 배경, 문화를 가진 친구들을 두루 사귈 필요가 있다. 친구들의 관점은 기존의 사고의 틀에서 벗어나는 데 도움을 주고, 나아가 생각지 못한 기회를 안겨주기도 한다(참고로 최고의 효과를 얻을 수 있는 교류 방법에 대해서는 PART 3 '연결하라!'에서 중점적으로 다룰 예정이다).

❷ **다방면으로 학습하기**: '정보 잡식 동물'이 되어 다양한 관심사를 가지고 대량의 지식을 흡수하자. 현재 하는 일과 전혀 상관이 없다 할지라도 말이다. 이렇게 아무 관계 없어 보이는 일들이야말로 '뜻밖의' 영감을 불러올 수 있다.

❸ **장난기 유지하기**: 장난기는 호기심과 같고, 호기심은 학습의 주요 원동력이다. 성공한 기업가, 과학자 들은 겉으론 엄숙해 보이지만 실제로는 개구쟁이의 기질이 다분해 새로운 일에 대한 호기심이 가득하다.

다양한 취미 갖기

스티브 잡스는 대학 시절 '서체' 수업을 들은 적이 있다. 당시 그가 그 수업을 선택한 이유는 다른 특별한 계획이 있어서가 아니라 단순히 좋아서였다. 하지만 그 서체 수업은 이후 애플 컴퓨터의 설계에 영향을 미쳤고, '자동 자간 맞춤 기능'이라는 특색을 가진 매킨토

시 컴퓨터가 탄생할 수 있었다.

"당시 제가 그 수업을 듣지 않았다면 오늘날 개인용 컴퓨터에는 그렇게 아름다운 서체가 탑재될 수 없었을 겁니다."

그는 스탠퍼드대학교의 졸업식 축사에서 복수 서체와 자동 자간 맞춤 기능의 탄생 비화를 공개하며 졸업생들에게 이렇게 말했다.

"지금은 과거의 경험이라는 이름의 점들이 나중에 어떻게 이어질지 알 수 없습니다. 하지만 시간이 지나 되돌아보면 자신이 이어온 점들이 분명하게 보일 겁니다. 그러니 현재의 순간들이 미래에 어떻게든 연결된다는 사실을 믿으십시오. …… 이러한 믿음은 단 한 번도 저를 실망시키지 않았으며, 제 일생에 결정적인 영향을 미쳤습니다."

실제 많은 기업에서도 투자수익률을 높이는 전략의 일환으로 직원들에게 다양한 취미 활동을 장려하고 있다. 예컨대 3M은 1948년부터 직원들에게 근무 시간의 15%를 자유 연구 시간으로 활용하도록 해 여러 혁신적인 히트 상품을 개발해냈다. 한편 휴렛팩커드 (HP)는 매주 금요일 오후를 자유 시간으로 정해 직원들이 회사의 정밀기기로 자신이 원하는 실험을 할 수 있도록 하는데, 수많은 잉크젯 프린터가 바로 이 과정에서 탄생했다고 한다. 특히 직원들이 창의적 프로젝트에 시간을 쏟도록 배려하는 구글의 '20% 타임제'는 신선한 기업문화의 지표로 여겨지는데, 바로 이 시간을 통해 지메일 (Gmail)과 애드센스(AdSense) 같은 빛나는 아이디어가 탄생했다.

마음의 준비를 하려면 광범위하게 정보를 흡수하고 다양한 취미를 기를 시간을 주어야 한다. '취미'란 다양한 경험을 쌓고, 그 안에서 발전하며, 다른 사람과 서로 노하우를 나누고, 또 그 과정을 즐기는 일이다. 예를 들어 게임은 단순한 오락에 불과하지만 이를 연구하고 수정하거나 프로 게이머가 되기 위한 훈련을 한다면 이것이 바로 취미인 셈이다.

마찬가지로 음식을 먹거나 술을 마시는 것은 취미가 될 수 없지만, '미식을 탐방'하거나 '술을 품평하는 일'은 취미가 될 수 있다. 취미를 기르는 열쇠는 단순히 즐기는 과정뿐 아니라 경험을 분석하고 나누는 데 있다.

내가 아는 한 데이터 엔지니어는 새로 생긴 음식점을 찾아다니며 자신만의 맛집을 발굴하고 인터넷에 이를 공유하는 취미를 가지고 있었다. 그러던 중 그는 새로 생긴 수많은 음식점이 홈페이지는커녕 어떻게 인터넷마케팅을 해야 하는지도 모른다는 사실을 발견하고 자신이 좋아하는 음식점의 홈페이지 제작을 돕기 시작했다. 현재 그는 이 부업으로 적잖은 수익을 올리며 요식업계 종사자들과도 좋은 관계를 유지하고 있는데, 이는 모두 그가 먹는 걸 좋아한 덕분이다.

당장 취미를 일로 확장할 방법을 찾지 못했다고 해서 무리할 필요는 없다. 취미에 대한 열정을 가지고 그 안의 학습 과정을 즐기는 것만으로도 꾸준히 취미를 유지하며 기회의 불꽃을 만들어낼 수 있으니 말이다.

장난기 유지하기

새로운 취미를 만들 때는 일과 무관한 것이 가장 좋다. 이미 여러 취미를 가지고 있다면 여기서 한 발짝 더 나아가 관련 동호회에 가입해보자. 우리는 대부분 일정 범위의 사교 폭 안에서 자신과 비슷한 사람들과 교류하며 살아간다. 그런데 독서 모임이나 영화 모임, 레포츠 모임 등 취미를 목적으로 만들어진 동호회는 다양한 배경의 사람들이 참여하는 만큼 기존의 사교 범위를 뛰어넘어 새로운 경험을 쌓는 기회의 장이 될 수 있다. '어색하면 어쩌지' 하는 걱정은 넣어둬도 좋다. 공통의 취미라는 관심사가 있으니까.

♣ ♣ ♣

행운을 만드는 창의력

예전에 아이들을 데리고 외식하러 갔을 때의 일이다. 당시 두 아이 모두 진득하게 한자리에 앉아 있기엔 아직 어린 터였기에(큰아이 첸첸이 네 살, 작은아이 촨촨이 두 살 반) 나는 음식이 나올 때까지 일단 아이들이 알아서 놀도록 내버려두었다. 촨촨은 마치 실험실의 화학자처럼 컵에 있던 물을 사발에 붓고, 다시 이를 컵에 옮겨 담으며 장난을 쳤고, 첸첸은 자기 앞에 놓인 둥그런 고무 테이블매트를 가지고 놀았다.

첸첸은 테이블매트에 음식을 놓는 시늉을 하더니 "이건 피자야!"라고 말했다. 그리고는 이내 테이블매트를 반으로 접어 "이건 샌드위치!"라고 하더니, 다시 이를 돌돌 말아 "에그 롤!"이라고 말했다(모양이나 질감이 정말 에그 롤 같았다). 그런 다음 그 에그 롤을 반으로 접어 귓가에 대고는 전화기인 양 "여보세요?"라고 말했다. 그렇게 음식이 나올 때까지 첸첸은 테이블매트로 리모컨, 망원경, 만화경 등 놀라울 정도로 다양한 물건을 만들어냈다.

그런데 재미있는 건 며칠 후 내가 다시 이 일을 언급했을 때 딸아이는 이를 잘 기억하지 못했다는 사실이다. 테이블매트를 가지고 논 것은 맞지만 그건 딸에게 대수롭지 않은 일이었던 것이다. 그도 그럴 것이 아이는 그저 놀이를 한 것뿐이지 않은가?

피카소는 말했다.

"아이들은 모두 타고난 예술가다. 문제는 어른이 되어서도 어떻게 그런 재능을 유지하느냐다."

그는 만년에 이렇게 탄식하기도 했다.

"라파엘로(Raphael, 르네상스 시대의 이탈리아 명사)처럼 그림을 그리기까지 사 년이 걸렸는데, 아이처럼 그림 그리는 법을 배우는 데에는 평생이 걸렸구나!"

그는 왜 아이처럼 그림을 그리려고 '배우기'까지 한 걸까?

피카소가 한 말은 아이와 같이 거침없고 자유분방한 창의력을 의미한다. 아이들은 놀이 과정에서 자연스럽게 창의력을 발휘한다. 그러나 어른이 되는 과정에서 사고하는 법, 분별하는 법, 그리고 비판하는 법을 배우면서 우리는 좋은 아이디어들에 '자기 검열'이라는 덫을 씌워 싹을 잘라버리곤 한다. 그렇게 어느샌가 창작이 무엇인지도 잊은 채 '나는 선천적으로 창의력이 없는 사람'이라고 생각하게 되는 것이다.

하지만 우리가 창의력의 기준을 너무 높게 잡고 있지는 않은지 생각해볼 필요가 있다. 세밀화를 그리고 교향곡을 작곡해야만 창의력이 있는 사람이라고 할 수 있는 건 아니기 때문이다. 꼭 완전히 새로운 무언가를 만들어내지 않더라도 기존의 것에 새로움을 더하는 능력, 그것이 바로 창의력이다. 예컨대 노래방에서 즉흥적으로 노래를 개사해 함께 있던 사람들을 폭소하게 만든다거나, 상대의 눈빛에 움직임을 예상하고 멋지게 농구공을 가로채 골로 연결하는 것 역시 창의력이 발휘된 순간이다. 물론 서로 다른 자원을 결합해 새로운 방법으로 일을 처리하는 것 또한 창의력이 발휘된 순간이다. 사실 우리는 매일 창의력을 발휘해 삶의 이런저런 문제들과 도전을 해결하고 있는 것이다.

요하네스 구텐베르크(Johannes Gutenberg)는 와이너리에서 농부들이 나무 기계로 포도즙을 짜는 모습을 보고 영감을 얻어 활판인쇄기를 발명했으며, 장 회르니(Jean Hoerni)는 샤워할 때 자신의 피부를 타고 흐르는 물줄기를 바라보다 실리콘 웨이퍼 제조 기술을 발명했다고 한다. 영감은 하늘에서 뚝 떨어지는 것 같지만 실은 우리 주변 곳곳에 숨어 있다. 사과 하나가 뉴턴의 머리에 떨어져 세상을 바꾼 것처럼 말이다! Lucky Breaks 또한 무에서 창조되는 유가 아니다. 현재의 조건 속에서 영감을 발견하고, 창의력을 발휘해 다시 자원과 경험을 연결할 때 행운의 기회를 만들 수 있다. 그렇다면 이를 위해 어떤 사고방식이 필요할까?

두 가지 사고력

먼저 간단한 테스트를 해보자. 다음 중 물음표 부분에 들어갈 그림은 무엇일까?

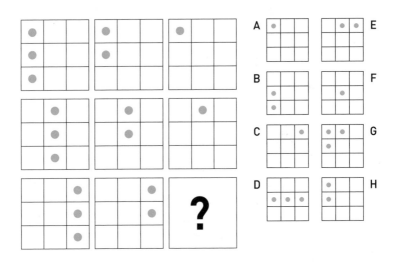

이 문제는 '레이븐의 누진행렬검사(Raven's Progressive Matrices, 일명 RPM)'라고 불리며 흔히 IQ테스트에서 자주 볼 수 있는데, 정답은 C다. 별로 안 어렵지 않은가?

그럼 다음으로 2분 안에 다음 문장의 빈칸을 채워보자.

클립은 _____(으)로 쓸 수 있다.

답은 많이 쓰면 쓸수록 좋으니 마음껏 써보길 바란다. 준비됐다면 시작하라!

자, 몇 가지의 답을 생각해냈는가? 10개 이상 적었다면 대단한 것이다. 사실 위의 두 문항은 모두 지능을 테스트하는 문제에 속하지만 측정하는 지능은 각기 다르다.

요컨대 첫 번째는 '수렴적 사고(Convergent Thinking)', 즉 서로 다른 정보를 취합해 정확한 답을 '수렴'해내는 능력을 테스트하는 문제다.

　한편 두 번째는 하나의 원점에서 마치 가지가 뻗어나가듯 광범위하게 다양한 답을 모색하는 '확산적 사고(Divergent Thinking)' 능력을 테스트하는 문제다. 예상했겠지만 이 문제에는 평가 기준은 있어도 '정답'은 없다.

확산적 사고

창의력=확산+수렴

일반적으로 아이의 수렴적 사고 능력은 성인만 못 하지만 확산적 사고 능력은 어른보다 낫다. 이는 어른의 지능이 퇴화해서가 아니라 스스로 사고에 제한을 두기 때문이다. 우리의 교육 시스템은 대부분 수렴적 사고를 기르는 데 초점이 맞춰져 있어 모범 답안을 내야만 점수를 얻을 수 있고 '일탈적 사고'는 대개 무시를 당한다. 물론 이런 시스템 속에서는 매우 효율적인 일꾼을 길러낼 수 있다. 그러나 정작 이들은 브레인스토밍(Brainstorming)이 필요한 회의에서 입도 뻥끗하지 못한다. 아이디어를 내보라고 하면 그제야 겨우 발언을 하고 자신 없는 목소리로 "맞나요?"라며 상사의 눈치를 살피기 일쑤다. 이러한 환경에서는 파격적인 혁신을 기대하기란 어렵다.

다행히 최근 지능 연구 분야에서는 확산적 사고를 갈수록 중시하는 분위기이며, 인문·이공·예술·과학 기술 분야에서도 확산적 사고의 중요성을 깨달아가고 있다. 요컨대 실제로 실현 가능한 좋은 아이디어는 확산적 사고를 취합하고 정리해야 나올 수 있다. 피카소를 비롯한 모든 예술가는 알고 있다. 아이들이 자유분방한 창의력을 가지고 있기는 하지만, 이것이 예술적 성과로 이어지는 일은 드물다는 사실을 말이다. 꾸준히 좋은 작품을 창작하려면 숙련된 기술과 이성적인 사고가 필요한데 아이들은 논리보다 자유로움이 앞서기 때문이다. 예술품은 이 두 가지가 균형을 이룰 때 탄생하는 결과물이다. 그런 까닭에 그 균형을 찾는 일이 예술가에게 주어진 평생의 숙제인 것이다.

행운의 기회를 포착하려면 창의적인 사고가 필요하다. 창의적인 사고는 확산적 사고에 따른 발상에 수렴적 사고에 의한 정리가 더해져야 한다. 두 가지 사고체계가 동시에 작동해야 한 손으로는 그물을 치고, 다른 한 손으로 그물을 거둬들이며 좀 더 쉽게 영감을 얻을 수 있다.

그런데 피카소 같은 천재도 평생이 걸렸다는 일을 우리가 스스로 해낼 수 있을까? 사실 이는 우리 생각보다 훨씬 쉽다. 이 두 가지 사고방식의 작동 차이부터 이해한다면 말이다.

수렴적 사고방식으로 생각할 때는 동시에 여러 정보를 가늠하고 평가해야 하는 만큼 집중이 필요한데, 이러한 집중력을 제어하는 곳이 바로 우리 두뇌의 섬엽(Insula)이다. 집중력은 근육과 같아서 장시간 사용하면 피로가 쌓이기 때문에 적절한 휴식을 취해야 한다. 이렇게 휴식을 취할 때 우리의 생각은 새장을 벗어난 새와 같아지며, 이게 확산적 사고를 위한 최적의 조건이 된다. 이에 심리학자들은 꿈을 꾸는 것 역시 일종의 확산적 사고라고 믿고 있다.

즉, 그저 방식에 차이가 있을 뿐 집중하는 것도 사고지만 집중하지 않고서도 사고를 할 수 있는 셈이다. 연구 분석에 따르면 사람들이 비교적 피곤한 상태나 술에 살짝 취한 상태일 때 오히려 확산적 사고 능력의 테스트 결과가 더 좋게 나타났다고 한다.

사람들과 대화를 나누다가 어떤 이의 이름이나 단어에 대한 이미지가 머릿속에서만 맴돌 뿐 도무지 기억이 나지 않아 애먹었던 경험, 아마 다들 있을 것이다. 그런데 계속 대화를 나누다 보면 갑자기 그 이름이 혹은 단어가 '툭' 튀어나오지 않던가? 왜일까? 그 이유는 우리가 일부러 이를 생각하지 않아도 우리 두뇌의 '배경 프로그램'에서 그 이름을 찾는 작업이 지속되고 있기 때문이다. 열심히 기억해내려 하면 할수록 기억이 나지 않을 때, 오히려 그에 관한 생각을 잠시 미뤄두면 확산적 사고가 작동해 답을 찾고 다시 우리에게 '통지'해주는 시스템이랄까.

그러니 문제가 쉽게 풀리지 않을 때는 확산적 사고체계의 도움을 받도록 하자! 먼저 자신이 생각 중인 문제를 명확하게 종이에 적어 그 문제에 주파수를 맞춘 다음 '배경 프로그램'에 처리를 맡기는 것이다. 가볍게 산책을 한다든지 음악을 듣는다든지 운동하면서 말이다. 자연 속에서 시간을 보내거나 친구를 만나 대화를 나누는 것도 자신의 주의를 분산해 배경 프로그램 작동에 도움을 줄 좋은 방법이다. 그렇게 답이 나오면 마치 하늘이 나를 돕고 있는 듯한 묘한 느낌을 받을 것이다. 나도 이 책을 집필하면서 여러 번 이런 경험을 했다. 제목 때문에 골머리를 앓을 때 친구를 만나 밥을 먹다 우연히 제목에 딱 맞는 이야기를 들었고, 잡지를 뒤적이다 관련 보도를 발견하기도 했다. '주파수 조정'이라는 개념을 알면서도 매번 놀라움의 연속이었다.

생각할 거리에 주파수를 맞춘 다음 커피숍이나 서점, 혹은 다양한
잡지가 구비된 곳으로 가 빠르게 잡지 세 권을 훑어보자. 어떤 잡지
든 상관없지만 평소에는 잘 보지 않는 잡지를 선택하는 것이 가장
좋다. 꼼꼼히 읽을 필요 없이 그저 빠르게 훑어보되, 두뇌의 '배경
프로그램'을 가동해 이렇게 자문해보자.

'내가 지금 보고 있는 내용이 주파수를 맞춘 그 일과 정말 아무런
관계가 없을까?'

이는 《메디치 효과(The Medici Effect)》의 저자 프란스 요한슨이 실
제로 한 미디어그룹의 CEO에게 추천한 방법이기도 하다. 그는
CEO에게 비행기를 탈 때마다 각기 다른 세 권의 잡지를 챙겨 읽어
볼 것을 권했고, 이 방법으로 여러 영감을 얻은 CEO는 회사 임원
들에게도 이런 습관을 기르라 지시했다고 한다.

♣ ♣ ♣

개념 이해로 연결하기

《메디치 효과》에 흥미로운 사례가 나온다.

1990년대에 시스템 엔지니어와 곤충학자가 한 모임에서 만나 이야기를 나눴다. 곤충학자는 개미가 먹이를 찾는 법을 연구하고 있었고, 엔지니어는 인터넷 정보 시스템에 관해 연구하고 있었다. 이런 두 사람은 어떻게 공통의 화제를 찾았을까? 개미는 페로몬으로 길을 표시하는데, 먹이를 빨리 찾은 개미는 그만큼 빨리 개미굴로 돌아가기 때문에 페로몬 냄새가 특히 강하다는 곤충학자의 말에 엔지니어는 순간 영감이 번뜩였다. 그는 생각했다. 어쩌면 같은 원리로 네트워크상의 정보를 가장 효율적으로 전송할 수 있는 경로를 좀 더 빨리 찾아낼 수 있지 않을까? 10년 후, 이 모임에서 파생된 신기술은 통신 산업뿐 아니라 유럽의 물류 시스템을 바꿔놓았고, 심지어 미군에서조차 관련 권한을 따내려 하고 있다.

생각해보라. 당시 엔지니어가 "아, 개미를 연구하시는군요? 하하, 재미있네요…… 실례지만 잠시 화장실 좀"이라고 말했다면 이 모든 일은 일어나지 않았을 것이다. 그렇지 않은가? 그가 가장 잘한 일 (혹은 그가 내린 '행운'의 선택)은 곤충학자와 개미에 관한 이야기를 이어가며 그 안에서 개념을 이해하고, 나아가 이를 자신의 일과 연결하는 영감을 얻어낸 것이다.

리처드 솔 워먼은 TED의 창립자로, 이미 여든이 훌쩍 넘은 나이지만 여전히 눈빛에 생기가 넘친다. 60여 가지의 주제를 넘나들며 80권 넘는 책을 집필하기도 한 그는 이렇게 말했다.

"글을 쓰기 전에는 모든 주제가 낯설기 짝이 없지요. 하지만 내 마음속 호기심이라는 블랙홀을 가득 채우기 위해, 또 가장 명확한 방법으로 다른 사람에게 설명하기 위해 모든 주제를 깊게 이해하려 노력합니다."

TED란 기술(Technology), 엔터테인먼트(Entertainment), 디자인(Design)의 약어로, 오늘날 전 세계에서 가장 유명한 지식교류플랫폼이다.

그는 한 공개 강연에서 교육과 창의력에 대해 언급하며 이렇게 강조했다.

"자신이 이해하고 있는 한 분야의 개념으로 모르는 분야를 이해하는 것! 이게 바로 혁신의 시작입니다!"

오토튠의 탄생 비화를 돌아봐도 사실 '지질탐사'와 '음정 보정'은 전혀 연결고리가 없어 보이는 일들이다. 하지만 앤디 힐데브란트는 그 배후에서 통용되는 일부 개념을 이해하고 있었기에 이 두 가지를 연결해 한 분야의 개념으로 다른 영역의 문제를 해결할 수 있었다.

한편 '천문학'과 '유방암'에도 이러한 행운의 연결고리가 있었다. 허블 우주망원경은 우주로 쏘아 올린 천문 관측용 광학망원경으로, 이를 제작하는 데 20년이라는 시간과 15억 달러(약 1조 7,130억 원)라는 비용이 들었다. 그런데 막상 우주로 쏘아 올린 후 망원경이 보내온 사진들은 하나같이 모호했다. 문제의 원인은 망원경 안쪽의 반사경이었다. 아주 미세한 라디안의 차이가 허블을 근시안의 망원경으로 만들어버린 것이다. 우주 상공에 수리 인력을 배치하려면 적어도 3년이라는 시간이 필요했기에 담당 천문학자들은 사진의 해상도를 높이기 위한 온갖 영상 처리 기술 연구에 착수할 수밖에 없었다. 그러던 어느 날 한 학자가 참관하러 왔다가 스크린상의 그 흐릿한 천체 사진이 의학계에서 본 초음파 사진과 매우 유사하다는 사실을 발견했다. 의사들도 초음파사진을 볼 때 흐릿한 영상에 정확한 판단을 내리지 못하는 경우가 많았기 때문이다. 이를 계기로 천문학자들과 의사들은 허블팀이 연구 개발한 영상 처리 기술로 초음파를 개선하는 일에 힘을 모으기로 합의했고, 그 결과는 상당히 성공적이었다. 초음파를 통한 유방암 검진 정확도가 대폭 개선되어 의사들이 암세포를 조기 발견할 수 있게 되면서 수많은 사람의 목숨을 구할 수 있었다.

그런데 사실 이렇게 분야를 뛰어넘는 혁신은 매일같이 일어나 인류를 이롭게 하고 또 많은 이에게 부를 안겨주고 있다. 비록 그들의 이름은 들어본 적 없을지라도 그들이 만들어낸 제품은 사용해봤을 수 있다. 그렇다고 그들이 모두 천재인 건 아니다. 하지만 그들이 일생일대의 Lucky Breaks로 삼대가 족히 배부르게 먹고살 부를 축적한 것은 사실이다.

Try this 14

일상생활 중 "왜"라고 질문하는 습관을 들여 흥미로운 이야기를 들었을 때 한 발짝 더 들어가 그 배후의 개념을 이해하려고 해보자. 어쩌면 자신의 삶 혹은 비즈니스에 당신이 배운 개념을 활용할 수 있을지도 모를 일이니 말이다.

❖　❖　❖

기회에도 시간이 필요하다

문제가 잘 풀리지 않을 때는 화를 내도 소용이 없다.
그래서 나는 이를 머릿속에 넣어두고 일단 다른 일을 한다.
그러다 보면 간혹 몇 년 만에 돌파구를 찾기도 하는데,
'블랙홀과 정보손실'에 관한 이론처럼 29년 만에 겨우 깨닫는 경우도 있다.

-스티븐 호킹(Stephen Hawking)

1968년 3M의 연구원 스펜서 실버(Spencer Silver)는 항공 산업에 이용할 강력한 접착제를 연구 개발하다 우연히 접착력은 약하지만 여러 번 재사용이 가능한 접착 성분을 발견했다. 그는 이 접착제에 사업성이 있다고 확신했지만 이를 활용해 상품화할 방법이 좀처럼 떠오르지 않았다. 이에 그는 또 다른 연구원 아트 프라이(Art Fry)를 포함한 동료들에게 수시로 이 접착제에 대해 언급했지만, 그들 역시 이렇다 할 돌파구가 되지 못했다. 그렇게 한참이 지난 어느 날, 교회에서 찬송가를 부르던 아트 프라이에게 순간 아이디어가 떠올랐다. 그 접착제로 찬송가의 책갈피를 고정할 수 있겠다는 생각이 든 것이다. 게다가 붙였다 뗐다 할 수 있으니 얼마나 좋은가! 그리하여 아무 쓸모 없어 보였던 접착제는 드디어 제 용도를 찾아 3M 최고의 히트 상품인 포스트잇으로 탄생했다.

그런데 그거 아는가? 접착제가 발명되어 포스트잇이 출시되기까

지 무려 12년이라는 시간이 걸렸다는 사실을 말이다. 당초 스펜서 실버가 그 접착제의 사업성을 보지 못했더라면, 혹은 상품화 방법을 고심하며 여러 동료에게 그 접착제를 소개하지 않았더라면 지금의 포스트잇은 탄생하지 못했을 것이다. 요컨대 운이 맞아떨어지는 데에도 시간이 필요하다. 지금은 과거의 경험이라는 이름의 점들이 나중에 어떻게 이어질지 알 수 없을 테지만 현재의 순간들이 미래에 어떻게든 연결된다는 사실을 믿으라던 스티브 잡스의 말처럼 말이다.

많이 배워 폭넓은 지식을 쌓고, 다양한 분야의 개념을 이해하며, 이를 바탕으로 확산적 사고와 수렴적 사고를 할 때, 행운의 결실을 볼 확률도 높아진다.

관찰력을 높이는 세 가지 방법

《행운의 법칙》의 저자 리처드 와이즈먼이 재미있는 실험을 한 적이 있다. 사람들에게 각각 신문을 나눠주고 단시간 안에 그 신문에 실린 사진이 총 몇 장인지 세어보도록 한 것이다. 그 결과 대부분의 사람이 약 2분 만에 사진 수 세기를 마쳤는데 사실 그들은 그런 수고를 할 필요가 없었다. 신문의 두 번째 면에 '이 신문에는 총 43장의 사진이 실려 있으니 더 이상 셀 것 없습니다!'라는 정보가 게재

되어 있었기 때문이다. 그것도 작은 광고 정도가 아니라 한 면의 절반을 차지할 만큼 큼지막하게 말이다. 내셔널 지오그래픽 채널의 〈숫자 게임(The Numbers Game)〉이라는 프로그램에서도 이와 같은 실험을 한 적이 있는데 자칭 '행운아'라는 사람들 중 60%가 그 숨은 메시지를 발견한 반면, 자칭 '불운아'라는 사람들 중에서는 단 20%만이 이를 발견했다.

운이 좋은 편인 사람들이 이 정보를 좀 더 쉽게 알아차린 이유는 무엇일까? 여기에는 두 가지 가능성이 있다.

첫째, 그들이 비교적 여유로운 마음가짐을 가지고 있어서다. 마음이 여유로우면 눈앞의 변화를 알아차리기 쉬워진다. 이는 와이즈먼이 제시한 해석으로 앞서 소개한 '무주의 맹시' 이론과도 부합한다. 따라서 우리는 마음의 긴장을 풀고 여유를 갖는 법을 배워 좀 더 넓은 '대역폭'으로 자신의 주변 환경에 주의를 기울여야 한다.

둘째, 그들의 관찰력이 정말 뛰어나서다. 천성이 세심해 관찰력이 좋은 사람이 있다는 건 부인할 수 없는 사실이다. 이는 그들이 가진 선천적인 재능으로 이를 제때 발휘하면 훌륭한 탐정이나 예술가, 과학자 등이 될 수 있다. 그렇다면 평소 잘 덤벙대는 사람도 관찰력을 높일 수 있을까? 물론이다. 실행 가능한 다음의 방법들을 통해 관찰력을 단련해보자.

방법 1: 맛보고 음미하기

1982년 36세의 디트리히 마테쉬츠(Dietrich Mateschitz)는 오스트리아에서 태국으로 출장을 떠난다. 그가 독일의 한 치약 회사에서 마케터로 일할 당시였다. 먼 길을 마다하지 않고 태국에 도착한 그는 시차 적응에 애를 먹었다. 이를 본 현지 동료는 그에게 '크라팅 다엥(Krating Daeng)'이라는 에너지드링크 한 병을 건넸다. 현지 노동자와 트럭 운전사들이 즐겨 마시는 이 음료 덕분에 그는 무사히 시차를 극복하고 그의 운명까지 바꿀 수 있었다. 그 작은 에너지드링크 한 병의 효과를 몸소 경험한 디트리히 마테쉬츠가 음료 개발자를 찾아 나선 것이다. 그는 태국인인 개발자에게 합자 형태로 유럽 시장에 진출해보자 제안했고, 그렇게 설득 끝에 설립한 회사가 바로 크라팅 다엥 유한회사, 즉 '레드불(Red Bull)' 유한회사다.

현재 레드불은 전 세계에서 가장 유명한 에너지드링크로 매년 53억 캔가량의 판매고를 기록하고 있다. 한편 디트리히 마테쉬츠는 세계적인 부호가 되어 F1 레이싱 팀과 축구팀, 미디어그룹 등을 소유하고 있으며, 그의 태국 동업자인 찰레오 유위디아(Chaleo Yoovidhya)가 사망 당시 남긴 재산은 50억 달러(약 5조 7,100억 원)에 육박했다. 디트리히 마테쉬츠가 피곤해할 때 누군가가 건넨 에너지드링크 한 병이 이 모든 결과를 만들어낸 것이다!

디트리히 마테쉬츠가 레드불을 마신 다음 병을 버리고 그냥 회의하러 갔다면 이야기는 그렇게 끝이 났을 것이다. 그러나 그는 레드불의 맛과 효과를 느끼며 모든 사람과 나눌 만한 좋은 물건임을 깨달았다. 솔직히 레드불은 비타민 맛이 강해 아주 맛있다고 말하기는 어렵다. 하지만 나는 디트리히 마테쉬츠가 시간을 들여 이 신기한 음료를 제대로 음미했기에 사업성을 발견할 수 있었다고 믿는다. 그가 레드불의 브랜드 철학을 설명하면서도 이렇게 말했듯 말이다.

"일하거나 공부할 때는 최선을 다해야 하고, 운동할 때는 극한에 도전해야 하지만 여유 시간에는 그 시간을 충분히 의식하고 음미해야 합니다."

'음미'한다는 건 모든 감각기관을 동원해 어떤 일을 충분히 체험하고, 이를 되짚으며 특별히 깊은 감촉과 인상을 얻는 행동을 뜻한다. 점심 시간에 뚝딱 해치운 도시락의 메뉴는 금세 잊어버려도 천천히 음미한 성찬은 오래도록 기억에 남듯 '음미'는 우리를 현재에 집중하도록 만들어주기도 한다. 머릿속에 걱정이 한가득일 때는 아무리 맛있는 음식도 맛이 없어지게 마련이라 집중해서 음미해야만 깊이 있는 체험을 할 수 있다. 다시 말해서 디저트를 먹든, 음악을 듣든, 아로마 마사지를 받든 우리가 어떤 경험에 흠뻑 빠져 '무아(無我)'의 즐거움을 느낄 때 비로소 잠시나마 걱정을 잊고 현재를 즐길 수 있다는 뜻이다.

마음 챙김 훈련 중에도 '건포도 천천히 먹기'라는 훈련법이 있다. 1분 동안 건포도 한 알을 먹는 것인데 방법은 이렇다. 건포도를 입에 넣고, 눈을 감은 다음 혀로 굴려 질감을 충분히 느낀 후, 가볍게 건포도를 깨물어 그 안에서 나오는 과육의 새콤달콤한 맛과 향기를 느끼는 것이다. 이러한 훈련은 감각기관의 민감도를 높여줄 뿐만 아니라 그 자체만으로도 일종의 즐거움이 될 수 있다.

우리는 평소 바쁜 일상생활에 쫓겨 무언가를 제대로 음미하지 못한다. 많은 사람이 '음미'는 맛있고 비싼 음식 혹은 거창한 일에만 어울리는 행동이라고 생각하는데 사실은 그렇지 않다. 오히려 반대로 우리가 음미할 때 비로소 그것이 아름다워질 수 있다. 음미하고자 하는 마음이 없다면 아무리 멋진 무언가가 나타나도 이를 무심코 지나치기 십상이다.

미국 각 도시의 지하철역에서는 길거리 예술인들이 공연하는 모습을 흔히 볼 수 있다. 대부분의 승객에게 거리 공연은 기껏해야 온갖 소음에 끼어든 약간의 에피소드일 뿐이다. 2007년 바이올리니스트 조슈아 벨(Joshua Bell)이 이런 실험을 한 적이 있다. 워싱턴 DC의 한 지하철역에서 한 시간 남짓 연주를 한 것이다. 당시 그는 세계적인 바이올리니스트로 명성을 날리며 매 공연마다 매진 사례를 이어가고 있었다. 공연 티켓 한 장의 값만 해도 100달러(약 11만 4,200원) 이상이었는데 말이다. 실험하기로 한 당일 그는 평상복에 야구 모자를 쓰고 여느 행인처럼 지하철역에 나타났다. 그러고는 350만 달러(약 39억 9,700만 원)짜리 스트라디바리우스(Stradivarius) 바이올린을 꺼내 며칠 전 대형 콘서트홀에서의 공연 레퍼토리를 연주하기 시작했다. 이때 발길을 멈춘 사람은 과연 몇이나 됐을까?

답은 단 한 명의 여성뿐이었다. 그것도 그녀가 조슈아 벨의 얼굴을 알아봤기 때문이다. 그가 연주하던 한 시간 동안 1,000명에 가까운 사람들이 조슈아 벨의 앞을 지나갔고, 그중 몇몇은 그의 바이올린 케이스에 잔돈을 던져주기도 했지만 대다수는 관심조차 주지 않았다. 그 결과 평소 1분 연주비가 1,000달러(약 114만 원)에 육박하는 바이올린 천왕이 그날 번 돈은 32.17달러(약 3만 6천 원)가 고작이었다.

이 흥미로운 실험이 우리에게 뜻하는 바는 이렇다. 우리는 '마땅히' 음미해야 할 것만 음미하면 된다고 생각하지만, 바로 이러한 마음가짐 때문에 언뜻 평범해 보여도 실은 상당히 멋지고 아름다운, 어쩌면 우리에게 평생 잊을 수 없는 경험을 안겨줄지도 모를 많은 것을 놓치고 있을지도 모른다는 것이다. 참고로 유일하게 조슈아 벨의 얼굴을 알아본 그 여성은 연주가 모두 끝날 때까지 시종일관 함박웃음을 지으며 그의 연주에 귀를 기울였다. 아마도 이 일은 그녀에게 평생 잊지 못할 추억이 되었을 것이다.

자신이 사랑하는 일을 하면서 가장 예민한 감각기관으로 그 즐거움에 푹 빠져보자. 식도락을 즐긴다면 눈을 감고 음식의 맛과 질감, 향기를 세세히 느껴보는 것이다. 반신욕을 즐긴다면 지금 바로 따뜻한 물에 몸을 담가보자! 단, 욕조에서 책을 읽지 말고 따뜻한 물속에서 자신의 몸이 이완되는 느낌을 온전히 느끼는 게 중요하다. 운동을 좋아하는 경우에도 마찬가지다. 매 순간 자신의 몸이 보내는 신호를 제대로 느껴보는 것이다. 아무리 힘들어도 자신의 몸과 대화하는 기분은 얼마든지 만끽할 수 있다.

♣　♣　♣

방법 2: 창의력을 동원해 관찰한 것을 기억으로 전환하기

하버드에서 보낸 10년 동안 내게 가장 깊은 인상을 남긴 캠퍼스는 하버드 조정팀의 보트하우스(Boathouse)다. 내가 조정팀으로 활동한 것도 아니고 그저 한번 들어가 봤을 뿐인데 희한하게도 눈을 감으면 내 기숙사 방만큼이나 생생하게 보트하우스의 모습이 떠오른다. 왜일까?

그 이유는 바로 대학교 4학년 때 수강한 드로잉 수업 덕분이다. 하루는 교수님이 학생들을 데리고 보트하우스로 가더니 각자 원하는 곳에 자리를 잡고 눈앞의 풍경을 그려보라고 주문했다. 나는 보트하우스 밖에 앉아 내리쬐는 태양 아래 연달아 두세 시간 그림을 그렸다. 보트하우스의 벽돌 한 장까지 놓치지 않고 최대한 사실적으로 스케치북에 옮겨 담으며 나는 빛의 변화에 따라 달라지는 그림자와 보트하우스에서 뻗어 나와 수면과 맞닿아 있는 작은 부두, 수면의 물결 등을 관찰했다. 이 수업으로 보트하우스의 정경이 내 머릿속에 각인된 것이다.

인간의 두뇌는 상당히 환경친화적인 도구다. 우리가 새로운 환경에 놓였을 때는 그야말로 감각기관을 모두 가동해 많은 것에 신경을 곤두세우게 만들지만, 일단 그 환경에 익숙해지면 '절전 모드'로 자동 전환해 스스로 중요하지 않다고 생각하는 세부 사항들을 모두 걸러낸다. 예컨대 동전에 찍힌 사람의 얼굴이 왼쪽으로 향해 있는지, 오른쪽으로 향해 있는지를 기억하는 사람은 많지 않다(타이완의 동전에는 모두 인물의 두상이 찍혀 있다). 우리가 매일 사용하는 동전이긴 하지만 이를 중요한 사항이라 여기지 않기 때문이다. 그러나 이러한 지식을 꼭 활용해야 할 필요가 있다거나 미술 시간에 동전 그리기를 할 경우 이러한 세부 사항에 주의를 기울이게 되고, 관찰력을 동원할수록 기억이 짙어져 쉽게 잊히지 않는다.

다른 사람의 이름을 잘 기억하지 못하는 편이라면 다음의 훈련 방법을 활용해보라. 새로운 친구를 만나 이름을 들었을 때 상대의 이름과 생김새의 특징을 창의적으로 연결해보는 것이다. 예를 들어 상대방의 이름이 '린신마오(林鑫茂)'이고, 아주 짙은 눈썹을 가졌다면 그의 눈썹은 숲(林)이며, 그 숲에는 금빛 나뭇잎이 무성한 나무들이 자라고 있다고 상상하는 식으로 말이다. 이렇게 하는 것만으로도 기억을 심화해 다음에 다시 만났을 땐 쉽게 그의 이름을 연상할 수 있을 것이다(물론 상대가 눈썹을 다듬지 않았다는 전제하에).

예전에 말레이시아에서 현지 화교 상인 한 명을 만난 적이 있다. 그의 이름은 '류나이하오(劉乃好)'인데 당시 그는 자신을 이렇게 소개했다.

"나는 당신과 성이 같고 우유를 가장 좋아합니다. 왠지 아십니까? 그건 '뉴나이하오(牛奶好, 우유가 좋다는 뜻)'니까요(중국어로 우유를 뉴나이牛奶라고 하는데 자신의 이름과 발음이 비슷한 단어를 사용한 일종의 언어유희다)!"

이 썰렁한 유머 덕분에 무려 10년이 지난 지금까지도 나는 그의 이름을 기억하고 있다.

Try this 16

다음번 모임에 나가 새로운 친구를 만나게 되거든 모임이 파하기 전까지 상대방의 이름을 적어도 열 번은 불러보겠다고 다짐하자.

사실 이는 별로 어려운 일이 아니다. 대화를 나누는 중에 자연스럽게 상대의 이름을 붙이기만 하면 된다. 예컨대 평소라면 "어디서 일하세요?"라고 물을 것을 "캐시는 어디서 일하세요?"라고 묻는 것이다. 사람들은 누구나 자신의 이름을 불러주는 것을 좋아하기 때문에 이렇게 하면 상대방의 이름을 좀 더 쉽게 기억할 수 있음은 물론 상대에게 친근한 이미지를 심어줄 수도 있다.

Try this 17

연필과 공책을 들고 평소 자주 가는 곳을 찾아 10분가량 눈앞에 보이는 모든 것을 그려보자. 모든 디테일을 살릴 필요도, 그림을 잘 그릴 필요도 없다. 하지만 최소 10분 동안은 한곳에서 그림을 그려야 한다. 이렇게 하면 여러 세부 사항이 눈에 들어오기 시작해 관찰력을 높여주고, 나아가 여유를 찾는 데에도 도움을 줄 것이다.

♣　♣　♣

방법 3: 오류의 원인 관찰하기

우리에게 유리한 것뿐만 아니라 '착오'를 살피는 데에도 관찰력을 활용해야 한다.

단추 혹은 지퍼가 아닌, 또 다른 방식의 여밈 장치가 되어 있는 옷이 한 벌쯤은 있을 것이다. 꺼끌꺼끌한 천과 상대적으로 부드러운 합성 원단을 사용해 이를 붙이면 딱 붙어 떨어지지 않고, 떼어내면 '지익' 하고 소리가 나는 그런 여밈 장치 말이다. 일명 '찍찍이'로 통하는 이 원단은 후크 앤드 루프 패스너(Hook and Loop Fastener)라고 하는데, 대부분의 사람은 등록상표명 그대로 이를 벨크로(Velcro)라 부른다.

벨크로는 조르주 드 메스트랄(George de Mestral)이라는 스위스 사람이 발명했다. 어느 날 숲으로 사냥을 나갔다 집으로 돌아온 그는 사냥개의 몸에 도꼬마리 가시가 잔뜩 붙어 있는 것을 발견했다. 이에 그는 열심히 개의 털을 빗어 가시를 떨어내려 했지만 생각처럼 잘 떨어지지 않았다. 뭐가 문제인지를 고심하던 그는 돋보기를 가져다 사냥개의 털에 붙은 가시를 살폈다. 알고 보니 도꼬마리에 돋아나 있는 수많은 돌기가 사냥개의 털에 걸려 좀처럼 떨어질 줄을 몰랐던 것이다. 당시 그는 이에 착안한 아이디어를 떠올렸고, 이내 연구를 시작해 10년 후 벨크로를 출시했다.

조르주 드 메스트랄이 한 행운의 선택은 바로 개털을 빗겨주기가 슬슬 짜증이 날 때 즈음 잠시 멈춰 '왜'라는 질문을 던지고 나아가 그 원인을 살피기로 한 것이다. 물론 그는 본래 발명가였다(12세에 이미 장난감을 만들어 특허를 얻었다). 그러나 우리가 그에게서 본받아야 할 점은 그의 지능이 아니라 오류를 관찰해 배움을 얻는 자세다.

오류가 발생했을 때가 배움의 적기라고 해도 과언이 아니다. 적어도 오류의 원인을 찾으면 이를 개선할 수 있고, 이로써 새로운 기회를 발견할지도 모르기 때문이다.

사람들은 변화나 돌발 상황을 마주하길 싫어한다. 특히 모든 일이 순조로워 보일 때는 더욱 그렇다. 그러나 우리 몸에 나타난 통증이 빨리 검사와 치료를 받으라는 하나의 경고음이듯, 일상생활에 끼어든 난관 역시 마찬가지다. 빠르게 상황에 대처해야 할 뿐만 아니라 그 배후의 원인을 관찰하고 이해해야 한다. 사업할 때도 남들이 어떻게 성공했는지에 관심을 가지고 이를 똑같이 따라 할 것이 아니라 아직 해결되지 못한 문제는 없는지를 살피고 해결 방안을 찾아야 새로운 비즈니스 기회를 만들 수 있다.

언제나 순조롭기만 한 인생은 없다. 최고의 행운아도 운이 없을 때가 있게 마련이다. 그러나 운이 좋은 사람은 오류 속에서 끊임없이 배움을 얻어 자신을 발전시키고 더 쉽게 성공을 거머쥔다. 거의 모든 재계 거물의 자서전에 과거의 실패가 훗날 성공의 열쇠가 되었다는 내용이 나오는 이유도 바로 이 때문이다. 나의 대학 동기 칼 레일이 바로 그 좋은 예다. 그는 20대 때 닷컴(Dot com) 열풍을 타고 인터넷 회사를 설립해 수천만 달러의 자금을 모았지만 2년도 채되지 않아 회사를 헐값에 매각해야 했고 그 전 과정이 다큐멘터리로 만들어져 '닷컴 버블의 전형적 실패 사례'로 불렸다. 이후 칼레일은 자신의 실패를 되돌아보며 자신이 실패할 수밖에 없었던 여러 원인을 찾아냈다. 이 과정에서 다른 회사들 또한 유사한 문제를 안고 있다는 사실을 발견한 그는 신생 인터넷 회사의 재무 문제나 영업 수익 문제를 해결해주고, 그들의 투자자 모집을 돕는 컨설팅 회사를 설립해 세 회사의 주식 상장을 성공시켰다. 현재 그는 매우 부유한 기업 총수다.

'악마는 디테일에 있다(The devil is in the details)'지만 행운의 천사도 그 옆에 숨어 자신을 발견해줄 사람을 기다리고 있다는 사실을 잊지 말자!

Try this 18

다음에 난관에 부딪히거든 잠시 멈춰 관찰하자.

❶ 어디서 문제가 발생했는가? 해결할 수 있는 문제인가?

❷ 해결하기 어렵다면 참고할 만한 성공 사례나 시도해볼 새로운 방법은 없을까?

❸ 아무리 생각해도 수수께끼 같다면? 이는 문제인 동시에 기회일 가능성이 크니, 좀 더 면밀하게 연구해봐야 한다.

PART 3

CONNECT
THE DOTS!
연결하라!

며칠 전 아침 나는 아내와 두 아이를 동반해 우리 동네의 한 건물 옥상에 올라갔다. 나는 카메라를 설치하고 짧게 멘트를 녹화한 다음 안경을 벗고 결연히 외쳤다.

"준비됐어!"

이내 커다란 통에 담겨 있던 얼음물이 내 머리 위로 쏟아졌고 전기충격을 받은 것 같은 짜릿함과 함께 나는 물에 빠진 생쥐 꼴이 되었다. 얼음물을 뒤집어쓰고 오들오들 떨고 있던 내게 아이들은 헤헤 웃으며 물 두 컵을 더 부었다.

그랬다. 한동안 전 세계를 달군 '아이스버킷 챌린지(Ice Bucket Challenge)'에 도전한 것이다. 아이스버킷 챌린지는 얼음물 샤워 동영상을 SNS에 올린 뒤 다음 도전자 세 명을 지목해 릴레이로 기부를 이어가는 캠페인으로, 지목을 받은 사람은 24시간 안에 챌린지 영상을 올리거나 ALS(루게릭병, 혹은 근위축성측삭경화증)협회에 기부를 해야 하는 방식이다.

이 캠페인은 같은 해에 루게릭병 진단을 받은 야구 선수 피트 프레이츠(Pete Frates)와 그의 친구 펫 퀸(Pat Quinn)의 아이디어로 시작되었다. 대중에게 ALS을 알려 더 많은 치료법 연구가 이뤄지길 바라는 마음에서였다. 그러나 그들은 자신이 시작한 챌린지가 단시간에 그렇게 엄청난 반향을 일으킬 거라고는 꿈에도 생각지 못했을 것이다. 한 달도 채 되지 않아 아이스버킷 챌린지는 사회 각 계층을 넘어 전 세계적으로 확산되었다. 페이스북 창립자 마크 저커버그는 챌린지에 동참한 후 빌 게이츠를 지목했고, 빌 게이츠 역시 기꺼이 도전을 받아들였다. 그는 자신만의 독특한 장치까지 만들어 얼음물 샤워를 했다. 평소 흐트러짐 없는 모습을 보여주던 그가 얼음물을 뒤집어쓰는 영상은 전 세계적으로도 큰 화제로 떠오르며 안 그래도 뜨겁던 아이스버킷 챌린지 열풍을 한층 더 가열시켰다.

내가 아이스버킷 챌린지에 대해 알게 된 것도 〈허핑턴 포스트 (Huffington Post)〉 웹 사이트에서 본 빌 게이츠의 도전 영상 덕분이었다. 때마침 청소년 리더십 캠프에서 강연이 있던 날이라 나는 학생들에게 이 영상을 공유하며 '창의력과 장난기로 영향력을 행사한 선례'라 소개했다. 그런데 이틀 후 한 친구에게 도전자로 지목을 받게

아이스버킷 챌린지 영상
QR 코드

될 줄이야!

아이스버킷 챌린지가 처음 시작되고 반년이 채 되지 않은 시점에 미국 ALS협회로 1억 달러(약 1,142억 원)가 넘는 기부금이 모였다. 이는 전년 대비 족히 50배가 넘는 금액으로, 다른 나라 ALS협회의 모금액은 포함하지 않은 것이다. 챌린지가 시작되기 전, ALS에 대해 들어본 적이 있는 미국인이 50%에 불과했던 반면 지금은 미국 전역을 넘어 세계인의 관심을 받고 있다. 두 젊은이의 아이디어 하나가 돈 한 푼 들이지 않고 엄청난 반향을 불러일으키며 대중에게 희귀질병을 알리고 거액의 모금액까지 달성하는 결과를 낳았으니, 이는 그야말로 행운의 기적이 아닐 수 없다. 어디 그뿐인가? 이는 PART 3 '연결하라!'에 숨은 행운의 개념을 보여주는 더없이 좋은 예이기도 하다.

반세기 전 미국의 작가 윌리엄 S. 버로스(William S. Burroughs)는 '언어는 우리의 두뇌를 감염시키는 바이러스인가?'라는 질문을 던졌다. 그리고 반세기 후 인터넷과 미디어를 통해 이와 같은 현상이 확인되었다. 언어가 인터넷을 통해 광범위하게 확산되고 빠르게 변이하면서 단문에서 급식체로, 다시 이모티콘으로 재생산되며 사진·영상·음악 등을 포함해 이른바 '밈(Meme)'을 형성한 것이다. 밈은 생각에 재미를 더하고, 미디어나 SNS를 통했을 때 전파력을 갖는다. 모방과 공유가 쉬운데다 그 과정에 자신의 창의력을 더해 재창조할 수 있기 때문에 '바이러스화(Go Viral)'의 기본 조건에 부합한다.

우리는 흔히 '바이러스'라고 하면 에볼라 바이러스처럼 격리하고 박멸해야 하는 것이라고 생각한다. 그러나 좋은 정보를 바이러스처럼 전파해 연달아 좋은 일을 만들어낼 수 있다면 어떨까? 우리 자신을 위한 행운의 밈을 설계한 다음 인간관계망을 통해 이를 전파해 사람들의 생각을 변화시키고 행동을 이끌어내며 더 강력한 영향력을 쌓을 수 있지 않을까?

사실 여기에는 가설도 필요 없다. 이미 증명된 사실이기 때문이다. '아이스버킷 챌린지'가 바로 그 생생한 예 아닌가! 이러한 사례는 앞으로 더욱더 많아질 것이다. 인터넷이라는 도구가 경계를 허물고 세계를 거대한 배양접시로 만들어 더 빨리, 더 많이 서로 영향을 주고받게 만들었으니 말이다. 이 배양접시는 완벽히 봉쇄할 수도, 통제할 수도 없다. 물론 여기에는 위험이 있지만 동시에 기회도 존재한다. 그런 까닭에 모든 사람이 영향력을 행사하는 동시에 그에 마땅한 책임감을 가져야 한다.

'연결하라!'에서는 네트워킹(Networking)을 주제로 인맥 네트워크와 친분 혹은 우정에 대해 얘기해보고, SNS의 특성과 결합해 21세기 관계 경영의 규칙을 짚어보고자 한다. 이를 통해 더 주목하게 되고, 더 기억하게 되며, 자꾸만 생각나는 사람으로 거듭나 언제든 귀인의 도움을 받을 수 있는 행운의 인간관계망을 형성하길 바란다.

많이 듣고, 많이 이야기하기

**LUCK
IS IN
YOUR
STORY**

운이 좋은 사람이 되려면 좋은 인맥이 필요하다. 그러나 단순히 친구를 사귀는 것만으로는 부족하다. 상대에게 좋은 이미지를 심어주고, 특징을 각인시켜 상대가 자발적으로 다른 사람에게 당신의 특징을 언급해 더 많은 사람이 당신을 기억하도록 만들어야 한다. 요컨대 돈 들이지 않고 누구나 할 수 있지만 효과적으로 좋은 인상을 남기는 데에는 '어떻게 말하고' 또 '어떻게 듣느냐'가 관건이다.

이야기는 최고의 인간관계 촉진제

인생도 이야기와 마찬가지로
얼마나 긴지가 아니라, 얼마나 다채로운지가 중요하다.

―세네카(Lucius Annaeus Seneca)

이치대로라면《해리 포터(Harry Potter)》는 세상에 나오지 못했을
지도 모른다.

조앤 K. 롤링(Joanne K. Rowling)은 어려서부터 작가가 되길 꿈꿨
지만 가족들은 그녀에게 안정적인 직업을 가져야 한다며 그녀의 꿈
을 반대했다. 어느 날 기차를 타고 가던 그녀는 우연히 영감이 떠올
랐을 때 다른 사람에게 펜을 빌릴 엄두를 내지 못해 하마터면 이를
잊어버릴 뻔하기도 했다. 다행히 글을 쓰기 시작했지만 얼마 되지
않아 어머니가 세상을 떠나면서 그녀는 큰 충격에 휩싸였다.

이후 그녀는 포르투갈로 떠나 영어 교사로 취직했고, 그곳에서 결
혼했다가 금세 이혼했다. 어린 딸을 데리고 영국으로 돌아왔지만
일자리를 찾지 못해 살길이 막막해지면서 우울증까지 걸렸다. 보통
사람이라면 당장 생계가 걱정인 마당에 소설을 쓸 시간과 마음이
어디 있었겠는가?

하지만 그럼에도 그녀는 글을 썼다. 낡은 타자기 하나 달랑 남았
을 정도로 가난했지만,《해리 포터》의 한 자 한 자를 꾹꾹 찍어냈다.

그 결과 모두가 알다시피 그녀는 그야말로 인생역전의 주인공이 되었다. 《해리 포터와 마법사의 돌》로 시작된 7권의 시리즈는 유사 이래 가장 많이 팔린 아동문학 작품이 되었고, 영화로도 만들어져 흥행몰이에 성공했다. 그리고 한때 생활보조금을 받아 근근이 생계를 이어가던 그녀는 인세와 저작권료로 10억 달러(약 1조 1,420억 원) 이상을 벌어들인 최초의 스타 작가가 되었다.

이후 그녀는 완전한 실패를 경험했기에 더 이상 실패가 두렵지 않았다고 말했다. 어머니의 죽음, 이혼, 실업……. 그녀를 궁지로 몰아넣은 이 좌절의 경험들이 그녀에게 살길을 찾게 한 것이다. 그렇게 배수의 진을 치기로 결심하자 삶의 풍파는 오히려 동력이 되었고, 마음속의 악마는 영감이 되었다. 소설 속 '디멘터(Dementors)'가 인간의 영혼을 빨아들이는 장면을 묘사한 대목 역시 우울증을 겪었던 때의 느낌을 형상화한 것이다. 이는 조앤 K. 롤링 개인의 이야기이자 모든 독자가 인생이라는 길에서 한 번쯤은 맞닥뜨릴 시련이 아닌가? 미국의 유명 작가 스티븐 킹(Stephen King)은 이렇게 말했다.

"《해리 포터》는 두려움에 맞서 내면의 힘을 찾아내고, 온갖 어려움 속에서도 옳은 일을 해나가야 한다는 메시지를 담은 책이다."

《해리 포터》는 조앤 K. 롤링에게 행운을 안겨준 책이자 모든 독자에게 행복을 선사한 책이기도 하다. 좋은 이야기는 세상을 바꿀 수 있다. '스토리텔링(Storytelling)'의 법칙만 잘 활용하면 자신의 운도 바꿔놓을 수 있다. 운이 좋은 사람이 되려면 좋은 인맥이 필요하다.

그러나 단순히 친구를 사귀는 것만으로는 부족하다. 깊이 있는 교류로 상대에게 우리를 각인시키고, 우리도 상대를 기억하는 과정이 필요하다. 요컨대 심도 있는 소통을 위한 가장 좋은 방법은 '이야기를 하고' 또 '이야기를 듣는' 것이다.

왜 사람들은 이야기를 좋아할까?

1. 원시적인 필요성이 있기 때문에

1만 년 전 인류가 집단생활을 시작하면서부터 언어의 발달이 관건이 되었다. 언어는 자신의 경험을 공유하고, 동료에게 위험을 알릴 수 있는 도구였기 때문이다. 예컨대 "그 빨간 열매는 먹으면 안 돼! 셋째가 그 열매를 먹고 죽었다고!", "저 산봉우리는 넘지 마! 멧돼지를 쫓던 아무개도 돌아오지 못했으니까!"처럼 말이다. 인류학자들은 이러한 서술이 가장 원시적인 이야기였을 거라고 말한다.

그렇게 진화를 거친 오늘날 우리 두뇌는 서술형의 이야기를 이해하는 데 특화되어 마치 그 입장이 된 양 반응을 한다. 누군가가 몸동작을 설명하면 사지를 제어하는 두뇌 부위도 함께 시뮬레이션에 들어가고, 이야기 속 주인공이 도망을 가면 우리도 머릿속에서 그를 따라 달리며 급기야 피곤함을 느끼기도 한다. 이렇게 공감의 본능으로 이야기 속 주인공의 마음을 이해하기에 주인공이 적을 물리쳤다는 이야기를 들었을 때도 마치 자신이 승리를 거둔 것처럼 도파민이 분비된다. 이처럼 우리는 '이야기'에 무척이나 민감하다.

2. 모방을 통해 복잡한 인간관계를 이해할 수 있기 때문에

픽션, 논픽션 할 것 없이 좋은 이야기는 사람을 매료시켜 자신이 같은 처지일 경우를 상상하게 만든다. 복잡하고 다양한 인간관계를 포함해서 말이다. 그런 까닭에 연애 경험이 없는 소녀가 로맨스 소설을 통해 연애의 감정을 느끼고, 가정주부도 연속극을 통해 불륜을 간접 경험할 수 있는 것이다. 우리는 이야기를 통해 수많은 외부 경험을 흡수하며 '내가 주인공이었다면?'을 가정한다. 이런 식의 추론으로 모험을 감행할 필요 없이 타인의 모험에서 경험을 얻는 것인데, 이는 일종의 생존 본능이라고도 할 수 있다.

이야기는 복잡한 인간관계 문제를 처리하고 주변의 공동체 환경을 이해하는 데에도 도움을 준다. 우리가 주변 사람들에 관한 소문에 관심을 갖는 이유도 바로 여기에 있다. 원시사회에서 소문은 일종의 경고성 신호이자 이웃 간의 중요한 정보로 집단의 윤리관이 뒤섞여 있기 때문이다. 현대사회에 들어서 사람들이 자신의 삶과 동떨어진 연예계의 소문에 관심을 갖는 이유는 소문의 주인공들이 낯익은 얼굴이어서다. 각종 매체를 통해 자주 보던 얼굴이다 보니 그들을 잘 아는 사람이라 착각해 소위 '카더라 통신'을 지나치지 못하는 것이다.

물론 사람들은 소문을 좋아하는 만큼이나 유용한 정보의 공유를 좋아하기도 한다. 할인 행사를 진행 중인 가게나 맛집의 정보라든지, 추천 또는 비추천 스마트폰의 정보 등은 모두 '긍정적인 소문'인 셈이다. 말하는 사람에게 악감정이 없고, 듣는 사람이 유용하다고 느낀다면 긍정적인 정보 교류라고 할 수 있다. 그럼 긍정적인 정보 교류의 법칙에 대해 자세히 알아보자.

좋은 이야기란 무엇인가?

사람들은 모두 이야기를 듣길 좋아하지만 정작 자신은 이야기를 잘 할 줄도 모르고 이야기하는 것을 좋아하지도 않는다고 생각한다. 스토리텔링을 심오한 예술쯤으로 여기면서 말이다. 그러나 몇 가지 간단한 원칙만 지키면 누구나 훌륭한 이야기꾼이 될 수 있다. 정말이다!

원칙 1, 시작과 끝이 있어야 한다

우리의 삶은 한 편의 드라마와 같지만 이를 그저 줄줄이 나열해서는 결코 좋은 드라마가 될 수 없다. 생동감 넘치게 서술한다 해도 끝없이 이어지는 이야기에 청중은 속으로 '그래서?'라고 생각할 테니 말이다. 따라서 어떤 이야기를 할 때는 처음부터 '가장 운이 좋았던 날' 혹은 '그해 여름방학에 겪었던 황당한 일' 등과 같이 대략적인 시간의 틀을 정해놓는 것이 좋다. 그러면 듣는 사람도 마음의 준비를 하게 되고, 그 이야기가 어떻게 끝을 맺을지 기대를 품게 된다.

원칙 2, 갈등과 난제 또는 현묘한 이치가 있어야 한다

할리우드에는 이런 격언이 있다.

'갈등이 없으면 드라마도 없다.'

생각해보라. "어떤 여관에 귀신이 나온다는 객실이 있었어. 그런데 아무리 손님이 많아도 주인장이 그 객실에는 손님을 들이지 않아서 그 방에서 묵어본 사람은 아무도 없대. 끝!"이라고 말한다면 이 얼마나 싱거운가? 그러나 "어떤 여관에 귀신이 나온다는 객실이 있었대. 그래서 여태껏 그 방에서 묵어본 사람은 아무도 없었지. 그러던 어느 날, 미신을 믿지 않는다는 새 직원 하나가 몰래 그 방에 들어가 하룻밤을 보낸 거야⋯⋯"라고 말한다면 사람들은 분명 "그래서? 그래서 어떻게 됐어?"라고 물어볼 것이다. 인간이 이야기에 귀를 기울이는 원시적 동기는 '생존 훈련'을 위함이다. 사람들의 귀를 사로잡고, 그들 스스로 '나라면 어떻게 했을까?'라는 질문을 던져보도록 하려면 이야기에 갈등과 난제 또는 현묘한 이치가 반드시 담겨 있어야 한다.

원칙 3, 주인공이 변화하거나 성장해야 한다

한참 동안 장황한 이야기를 들어주었는데 결국 "그래서 변한 것

하나 없이 모든 게 처음과 똑같다는 거잖아?"라는 결론이라면 완전 시간 낭비를 한 셈 아니겠는가? 우리가 매일 같이 변화하고 있듯 이야기에도 외적인 변화와 내적인 변화에 대한 묘사가 있어야 한다. 수많은 고전 속 주인공들은 갈등을 해결하기 위해 두려움과 맞서고, 여러 고난을 극복하기 위해 취사선택을 하며, 난제를 해결하기 위해 무언가를 배운다. 이러한 우여곡절 끝에 무사히 원래 자리를 찾지만 마음만큼은 전혀 다른 사람이 된다. 우리가 이야기를 듣길 좋아하는 이유는 바로 이런 주인공을 따라 모든 과정을 경험하며, 그의 기분을 느끼고, 그 안에서 깨달음을 얻고자 함이다. 따라서 좋은 이야기에는 단순히 동작에 대한 서술만이 아니라 주인공의 심리에 대한 묘사가 있어야 한다. 그래야 사람들의 공감을 불러일으킬 수 있다.

원칙 4. 디테일보다 느낌이 중요하다

두 살 난 우리 아들이 요즘 푹 빠진 그림책이 있다. '슈퍼토끼'라는 제목의 책인데, 그 내용은 대충 이렇다.

자신이 슈퍼토끼라고 믿는 아기 토끼가 있었다. 아침에 엄마가 "우리 아기, 이제 그만 일어나야지!"라고 깨우면 아기 토끼는 이렇게 대답했다.

"나는 아기가 아니라 슈퍼토끼라고요!"

그러던 어느 날, 밖에서 놀던 아기 토끼는 나무 밑동에 난 구멍에 뛰어들었다가 그만 가시에 손을 찔리고 말았다. 그길로 서둘러 집으로 돌아온 슈퍼토끼가 큰 소리로 외쳤다.

"엄마! 악당이 장검으로 나를 찔렀어요!"

엄마 토끼는 침착하게 가시를 빼냈고, 아기 토끼는 다시 밖으로 달려 나갔다. 엄마 토끼는 물었다.

"가시를 들고 어딜 가는 거니?"

아기 토끼가 말했다.

"엄마, 이건 가시가 아니라 보검이라고요! 이 보검으로 악당을 잡을 거예요. 저는 슈! 퍼! 토끼니까요!"

아기 토끼의 행동이 참 엉뚱하지만 귀엽지 않은가! 그런데 사실 우리가 이렇게 느낄 수 있는 이유는 어린아이에게 삶을 체험하는 일이 진짜와 가짜를 헷갈릴 정도로 강렬한 느낌으로 다가온다는 사실을 알고 있기 때문이다.

우리도 그럴 때가 있지 않은가? 자신이 방금 꿈에서 깼다는 사실을 알면서도 그 꿈이 너무나도 생생한 나머지 정말로 있었던 일처럼 느껴질 때 말이다. 요컨대 우리의 경험과 기억은 느낌에 의해 더욱 선명해진다. 아주 오래전에 있었던 일을 이야기할 때 우리는 느낌의 영향을 받아 말을 보태고 온갖 허구의 디테일을 덧붙이지만, 자신이 그랬다는 걸 의식하기는커녕 기억이 자신을 속일 리 없다고 굳게 믿어 의심치 않는다. 한 폭의 유화가 사진보다 더 생동감 있어 보일 수 있듯이 좋은 이야기에는 많은 디테일이 필요치 않다. 그저 모든 디테일이 청중에게 감명을 줄 수 있다면 그것으로도 충분히 깊은 인상을 남길 수 있다. 그러면 오랜 시간이 흐른 후 디테일은 모두 잊더라도 이야기에 담긴 느낌만큼은 잊지 못할 것이다.

우리는 왜 자신을 위해 이야기를 써야 하는가?

자기소개할 때 상대에게 효과적으로 친근감을 줄 방법은 자신에 관한 이야기를 들려주는 것이다.

이런 방식을 지나치게 작위적이고, '자기 PR' 같다고 느끼는 사람들을 위해 조금 더 설명해보겠다.

오늘 면접을 보러 갔다고 가정해보자. 아마도 면접관은 "자신의 장점이 뭐라고 생각하나요?", "자신이 가장 성공적으로 해냈던 일에 대해 말해볼까요?", "회사에서 자신에게 가장 적합한 부서는 어디라고 생각합니까?" 등의 질문을 던질 것이다. 이때 모든 질문에 즉답할 수도 있겠지만 적어도 자신의 답에 대한 설명은 해야 한다. 그래야 자신의 답에 생동감과 설득력을 더해 상대에게 좋은 인상을 남길 수 있다.

예컨대 자신의 장점이 뭐라고 생각하느냐는 질문에 "반응 속도가 빠릅니다!"라고 답했다면 예전에 어떤 돌발 상황에 부딪혔지만 자신의 빠른 반응으로 위기를 모면했던 이야기를 덧붙여야 한다. 자신이 가장 성공적으로 해냈던 일에 대해서는 단순히 그 일이 무엇인지를 답하는 것 외에도 당초 어떤 어려움이 있었으며, 또 어떻게 그 어려움을 이겨내고 성공적으로 일을 마쳤는지를 설명해야 한다. 한편 회사에서 자신에게 적합한 부서를 묻는 질문에는 어느 부서를 말해도 상관없지만 간단한 이야기로 보충 설명을 하는 것이 좋다. 그래야 상대가 당신의 개성을 더 잘 이해할 수 있다.

오늘이 첫 데이트를 하는 날이라면 스토리텔링의 중요성은 더욱 커진다! 이야기에는 상대에게 자신을 알리는 기능뿐만 아니라 분위기를 띄워주고 어색함을 해소해주는 기능까지 있기 때문이다. 이뿐만 아니라 좋은 이야기는 듣는 이의 공감을 불러일으킨다. 상대가 내게 호감을 품길 바라는 우리에게 공감 가는 이야기는 호감을 부르는 열쇠가 될 수 있다. 상대방이 자신의 이야기를 꺼내게끔 하는 능력도 중요하지만 말이다(이것이 바로 듣기의 기술인데, 이에 관한 이야기는 잠시 후에 할 것이다).

이야기를 할 줄 알면 어떤 파티나 모임에 참석하든, 잠시 연단에 올라 인사말을 하든, 친구들과 잡담을 나누든 상관없이 다양한 장소와 상황에 녹아들 수 있다. 어쩌면 이러한 모습에 당신을 달리 본 누군가가 좋은 기회를 마련해줄지도 모를 일이다! 내가 자신에 관해 말하는 연습을 하라는 이유도 바로 여기에 있다. 이야기하는 능력이 당신의 사회생활에 큰 도움을 줄 것이기 때문이다.

할리우드식 이야기 구성법

시도해보고는 싶은데 어떻게 시작해야 할지 모르겠다면? 걱정할 것 없다! 이야기를 하는 건 사실 그리 어려운 일이 아니다. 나름의 공식도 있으니 말이다. 이 공식은 할리우드에서 최고의 성적을 자랑하는 유명 애니메이션 스튜디오 픽사 애니메이션(Pixar Animation)에서 비롯되었다.

〈토이스토리(Toy Story)〉를 제작하기 전, 픽사는 간단한 스탠드와 공 하나만으로 사랑스럽고 따뜻한 애니메이션을 만들어 아카데미 단편 애니메이션 작품상에 노미네이트되기도 했다. 그들이 가진 힘은 컴퓨터그래픽 기술과 더불어 스토리텔링에 있었는데, 아래의 '만능 스토리 구성법' 역시 픽사 애니메이션 스튜디오의 베테랑 각본가에게서 시작되었다.

옛날에 _____

어느 날 _____

그리하여 _____

하지만 _____

뒤이어 _____

이때 _____

마침내 _____

그 후로 _____

이는 일종의 빈칸 채우기 문제인데, 이를 하나씩 살펴보자.

옛날에

거의 모든 전래동화가 '옛날 옛적에……'로 시작해 주인공에 대한 소개로 이어진다. '옛날 옛적에 한 소녀가 살았다. 이 소녀는 계모와 두 언니에게 구박을 받았다……'처럼 말이다. '옛날에……' 대신 '어제……', '지난달……', '그해……' 등으로 시작해도 좋지만, 그 뒤의 괄호에는 주인공에 대한 소개가 채워져야 한다. 서두는 '본격적인 이야기가 시작되기 전'의 이야기이기 때문이다.

어느 날

'그러던 어느 날, 왕자가 성대한 무도회를 개최해 마을 처녀들을 모두 성으로 초대했다. 이에 전국의 소녀들은 들뜬 마음에 어쩔 줄 몰라 했다……'

'어느 날' 뒤에 채워져야 할 내용은 이야기의 발단이 되는 '원인'으로 갑작스레 일어난 일이나 주인공이 스스로 취한 행동일 수 있다.

예컨대 '나는 매일 사무실에서 나와 오른쪽 길로 걷는 습관이 있다. 그런데 어느 날 문득 왼쪽 골목엔 뭐가 있는지 한번 가보고 싶다는 생각이 들었다……'처럼 말이다. 크든 작든 이런 원인으로 말미암아 일련의 변화가 생기면서 본격적으로 이야기가 시작된다.

그리하여

'그리하여 계모는 자신의 두 딸을 곱게 단장시킨 후 마차에 태워 성으로 보냈다…….'

첫 번째 일이 발생하면 당연히 그에 따른 다음 내용이 이어진다. 단, 이때 이어지는 내용은 반드시 이야기의 발단이 되는 이전의 '원인'과 관계가 있어야 하며 이치에 부합해야 한다.

하지만

'하지만 계모는 불쌍한 소녀를 집에 가두고 밖으로 나가지 못하게 했다. 소녀가 슬픔에 잠겨 울고 있을 때, 하늘에서 요정이 나타났다. 소녀를 불쌍히 여긴 요정은 자신의 마법 지팡이를 휘둘러 소녀를 화려한 드레스 차림으로 변신시켜주고, 생쥐와 호박으로 말과 마차도 준비해주었다…….'

모든 이야기에는 갈등이 있게 마련이다. 갈등을 통해 우리는 주인공이 처한 어려움을 느끼고, 그를 동정하며, 그가 어떻게 이 갈등에서 벗어나게 될지를 궁금해하게 된다. '하지만' 뒤에 채워질 내용은 바로 주인공이 직면한 어려움과 이후에 벌어지는 일들이다.

뒤이어
_____

'뒤이어 소녀는 무도회에 도착했다. 왕자는 소녀를 보고 한눈에 반해 버렸다! 두 사람은 시간 가는 줄도 모른 채 춤을 추고 또 추었다……'

이야기가 계속 전개되는 구간이다. 이 단계에서 이야기를 매듭지을 수도 있지만 그렇게 되면 시작과 끝은 있으나 다소 밋밋한 이야기가 된다. 이때 이야기를 계속 전개하려면 '하지만……', '그런데……'의 단락을 더해 주인공의 어려움을 더욱 극대화하고 갈등을 고조시킴으로써 궁금증을 유발할 수 있다.

지금쯤이면 내가 든 예시가 무슨 이야기인지 다들 눈치챘을 것인데, 이 이야기는 이후에도 여러 개의 '하지만……'이 더 이어진다. 수많은 '하지만……'과 '그런데……'의 구간을 지나 이야기는 결말을 향해 나아가는데, 바로 이 부분에서 이야기의 클라이맥스가 등장하곤 한다. 게임에서 막판 보스가 등장하듯이 말이다.《신데렐라》에서 소녀는 자정이 되기 전에 서둘러 집으로 돌아가느라 유리 구두 한 짝을 잃어버리고 만다. 왕자는 이 유리 구두의 주인을 찾아 전국을 헤맸고, 마지막으로 신데렐라의 집에 찾아온다. 하지만(그렇다. 또 하지만이 나온다!) 못된 계모가 사신을 넘어뜨려 유리 구두를 산산조각 내고 만다! 이걸 어찌한단 말인가? 이야기는 절정의 순간에 다

다랐다!

이때

'이때 신데렐라가 유리 구두의 나머지 한 짝을 꺼내 들었다. 여태 껏 유리 구두를 간직하고 있었던 것이다! 이에 왕자는 경탄을 금치 못하며 말했다. 그대가 바로 내가 첫눈에 반한 그 공주였군요!'

마침내

'마침내 왕자는 신데렐라를 아내로 맞이했고, 계모는 분에 못 이 겨 기절하고 말았다.'

갈등이 해소된 후 일이 어떻게 마무리되는지가 바로 이 단락에 담 긴다. 그런데 마지막 한 단락이 더 남지 않았느냐고? 그렇다.

그 후로

동화에서는 '그 후로 행복하게 살았답니다!'처럼 '그 후로'로 시작 되는 전형적인 문장으로 끝맺음을 한다. 물론 실화는 그렇게 상투 적이고 아름답지만은 않지만 말이다. 요컨대 이러한 문구를 덧붙이 는 목적은 청중에게 '주인공의 변화'를 이해시키기 위함이다. 다시 말해서 갖가지 우여곡절을 지나 주인공이 어떤 배움과 깨달음을 얻 었는지, 또 그 배움과 깨달음이 어떤 변화를 불러왔는지를 말해주

기 위한 것이다. 물론 '그 후로 나는 매일 사무실에서 나와 왼쪽 길
로 걷는다' 혹은 '그날 이후로 나는 더 이상 양껏 브라우니를 먹지
않게 되었다'처럼 가볍게 또는 재미있게 마무리할 수도 있다. 그러
나 주인공에 대한 언급은 빼놓지 말아야 한다. 이야기를 듣는 이들
이 바로 그 요점을 기대하고 있을 테니 말이다.

Try this 19

먼저 '자신의 최대 장점은 무엇인지', '새로 사귄 친구가 알아줬으
면 하는 자신만의 특징은 무엇인지'를 자문해보자.

혹은 질문을 바꿔 '전 세계 사람들에게 자신의 특징을 알린다면 어
떤 특징을 알려야 자신다운 모습으로 사람들과 좀 더 편안하게 어
울릴 수 있을지'를 자문해봐도 좋다.

질문에 답을 내기 어렵다면 자신이 가장 참기 힘든 일은 무엇인지,
반드시 행동을 취해 상황을 바꿔놔야 직성이 풀리는 일은 무엇인
지를 생각해보자.

생각을 마쳤다면 한 줄이라도 좋으니 그 답을 종이에 적고, 자신의
과거 경험에서 그 예를 찾은 다음, 이야기 구성법을 따라 답에 대한
설명을 해보자.

♣ ♣ ♣

내 친구 N은 한때 식당 종업원으로 일한 적이 있다. 엄밀히 말하면 브런치 카페였는데 정말 다양한 손님이 찾는 곳이었다. 그러던 어느 날 나름 이름을 날리기 시작한 모델(그녀의 이름은 밝히지 않겠다)이 가게를 방문했고, 이에 가게를 찾은 손님들은 물론 종업원들까지도 흥분을 감추지 못하며 술렁였다. 그런데 TV에서 보던 상냥한 모습과 달리 그녀는 거만하기 짝이 없었다. 나온 음식에 온갖 트집을 잡아 되돌려 보내는가 하면 냉소적인 말로 종업원을 비꼬는 등의 무례도 서슴지 않았다. 주방으로 음식을 다시 가져가는 어린 여종업원의 눈가에 눈물이 그렁그렁 맺힐 정도였다. 이런 모습을 보고 분노한 N은 커피 한 잔을 들고 그 모델에게 다가가 말했다.

"죄송합니다. 저희가 정말 팬인데, 이건 저희가 드리는 서비스예요……."

모델은 고개를 들어 하찮다는 듯 그를 바라보았다. 그런데 이때 N은 뜬금없이 중심을 잃었고, 공교롭게도(?) 그 모델에게 커피를 떨구었다. 모델은 얼굴이 하얗게 질려 날카롭게 소리를 질러댔다. 이에 달려 나온 점장은 연신 사과를 하더니 그 자리에서 N을 가리키며 "당신, 해고예요!"라고 외쳤다. 결국 그 모델 일행은 화가 잔뜩 난 채 계산도 하지 않고 카페를 떠났다. 그러자 카페의 전 종업원이 N에게 보내는 박수가 터져 나왔다. 점장도 그에게 조용히 속삭였다.

"걱정하지 마. 내 친구가 하는 레스토랑 소개해줄게. 이 테이블 계산도 내가 하고!"

자, 이 이야기를 듣고 N에게 어떤 특징이 있다고 느껴졌는가? 그는 독선적인 사람을 견디지 못하고, 부당한 일을 겪은 친구를 위해 나설 줄 알며, 장난스럽고 영악한 면도 있다. 그의 행동이 '옳다'고 생각하든 않든 이런 성격을 좋아하는 사람(나 같은)에게 그의 특징은 확실한 매력 포인트가 아닐 수 없다. 실제로 이후 우리는 좋은 친구가 되었고, 그는 정확히 내가 생각한 대로의 사람이었다.

TIP **자신의 이야기를 하고자 할 때 기억해야 할 세 가지**

❶ 지나치게 번듯할 필요는 없다. 그러나 반드시 자신다워야 한다. 전 세계 사람 모두가 당신을 좋아하게 만들 순 없지만, 곁에 있는 사람들은 모두 진정한 당신의 모습을 좋아하게 될 것이다.

❷ 드라마틱한 이야기도 좋지만 거짓말을 보태거나 없는 일을 지어내서는 안 된다. 훗날 날조된 이야기라는 사실이 들통난다면 쉽게 만회할 수 없는 타격을 받게 될 테니 말이다.

❸ 자신을 비웃는 것은 괜찮지만 합당한 경우가 아니라면 다른 사람을 비하해서는 안 된다. 나만 잘났다고 생각하는 사람보다 자조할 줄 아는 사람이 환영받는 법이다. 반성할 줄 아는 사람은 더 말할 것도 없고 말이다. 그러니 이야기의 주인공이 어떤 교훈을 얻어 어떻게 변화했는지에 대해 언급하는 것을 잊지 말자.

아무리 생각해도 이야깃거리가 없다면

사람은 누구나 수많은 이야깃거리를 가지고 있으며 자신조차도 좋은 이야깃거리가 된다. 그럼에도 다른 사람과 공유할 만한 경험이 도무지 떠오르지 않는다면 다음의 몇 가지 화제로 몸풀기를 해보자. 다음 중 아무 화제나 선택해 생각하다 보면 영감이 떠오를 것이다.

♣ 잃어버리면 큰일 난다고 생각했던 중요한 물건을 분실했다. 하지만 물건을 찾는 과정에서 자신이 생각했던 것만큼 그 물건이 그리 중요하지 않다는 사실을 깨달았고, 이후 전혀 예상치 못한 것을 얻었다.

♣ 평소 두려워하던 일을 마주해야만 하는 상황에 직면했을 때, 두려움과 맞서는 그 과정에서 당신은 무엇을 배웠는가? 두려움을 극복했는가? 당신에게 어떤 변화가 생겼는가?

♣ 한때는 좋아한(혹은 싫어한) 사람이었지만 함께 시간을 보내고 난 후 자신이 상대를 완전히 잘못 보고 있었음을 깨달았다. 자신의 직감에 관해 당신은 무엇을 배웠는가?

♣ 엉망진창인 하루를 보낸 당신. 대체 무슨 일이 있었고, 당신은 이를 어떻게 극복했는가? 그날 하루를 마무리할 때 어떻게 잠을 이뤘으며, 어떤 기분이었나?

♣ 줄곧 진실이라 믿어왔던 사람의 이야기가 실은 모두 거짓이었음을 알게 되었다면 어떻겠는가? 당신은 어떻게 자신의 감정을 조절하겠는가?

언제 이야기할 것인가

자, 이야깃거리를 생각했다면 그다음은? 이야기를 할 차례다. 그러나 평소 남의 이야기를 듣는 일에 익숙한 당신은 자신의 이야기를 해본 적이 거의 없을 테고, 그만큼 입을 열기가 어려울지도 모른다. 이럴 때는 가족이나 친구들처럼 가까운 사람들에게 먼저 이야기를 들려주는 방식으로 감을 익히면 된다. 자신의 반려동물이나 거울을 청중으로 삼아도 좋지만 가장 좋은 연습 방법은 대화를 나누고 있는 사람들 속에 용감하게 뛰어드는 것이다.

대화는 끝말잇기와 같아서 화제에서 화제가 파생되고, 키워드 하나가 대화 내용을 즉시 바꿔놓기도 하지만, 그래도 연결되는 논리가 필요하다. 다들 첨단 과학 기술에 관해 이야기를 나누고 있는데 갑자기 농장 이야기를 한다면 사람들은 분명 어리둥절해할 것이다. 농장 이야기가 과학 기술과 연관이 있는 경우를 제외하면 말이다. 물론 때마침 '휴가'나 '봄나들이'로 화제가 전환되었다면 농장 이야기를 꺼내기에 딱 좋은 시점이다. 이럴 때는 앞사람이 말을 마칠 때까지 기다렸다가 기회를 봐서 이야기의 배턴을 이어가자.

한편 자신이 대화의 중심이 되었을 때는 시간을 잘 활용해야 한다. 모두가 신나게 들을 수 있도록 흥미로운 이야기를 들려주고, 좋은 반응을 얻었다면 적절하게 말을 거둘 줄도 알아야 한다. 기본적으로 대화에 참여한 인원이 많을수록 자신의 이야기는 1~2분 정도로 짧게 하는 것이 좋으며 명확하게 말을 끝맺음해 다른 사람에게도 주인공이 될 기회를 주어야 한다.

경청의 예술

예전에 진행했던 행운 관련 연구 조사에서 다음과 같은 질문을 한적이 있다.

다른 사람과 대화를 나눌 때 주로 말하는 쪽은?

| 나 | 1 | 2 | 3 | 4 | 5 | 상대 |

한 사람의 소통방식과 그가 느끼는 삶의 만족도가 연관이 있는지를 알아보고자 한 문제였다. 그 결과 주로 '상대'가 말을 한다고 답한 사람일수록 '인간관계 만족도'와 '가정생활 만족도', '학업 및 사업 만족도' 등 항목에서 비교적 높은 점수를 받은 것으로 나타났다.

상대적으로 대화할 때 자신이 주로 말을 한다고 답한 사람은 관련 점수가 낮은 편이었다. 이를 통해 얻은 결론은 많이 듣고 적게 말하는 게 좋다는 것이었다. 요컨대 말할 때는 핵심을 이야기하고, 대부분의 시간은 다른 사람에게 양보할 줄 알아야 타인에게 좋은 인상을 심어줄 수 있다.

확실히 '경청'은 일종의 예술이자 예의이며, 대화의 기본 원칙은 바로 상대에 대한 '존중'에 있다. 상대에게 의견을 말할 기회를 주고, 상대방의 시간과 이야기를 존중해야 한다는 뜻이다.

사람들과 한창 즐겁게 대화를 나누는 중에 내가 막 이야기를 시작하려는데 누군가가 끼어들어 화제를 돌리는 바람에 결국 내 이야기가 묻혔던 경험, 아마 다들 한 번쯤은 있을 것이다. 그때 왠지 서운한 기분이 들지 않던가? 실제로 어떤 이들은 이런 일 때문에 끼어든 상대에게 악감정을 품기도 한다. 상대가 고의였든 아니었든 상관없이 말이다.

다음에 모임에서 얘기를 하다 중간에 끊긴 누군가를 발견한다면 그 사람에게 이렇게 말해보자.

"방금 전에 말하다 끊긴 것 같은데, 계속 얘기해줄 수 있을까?"

이때 상대는 분명 고마움을 느끼며 당신에게 좋은 인상을 가질 것이다. 그는 당신에게 존중을 받았으니 말이다.

'능동 긍정형'으로 경청하는 연습

이야기를 들을 때 사람은 누구나 언어로 또 몸짓으로 반응을 한다. 예컨대 이야기를 들으며 고개를 끄덕인다거나 '으응' 하는 소리를 낸다. 고개를 끄덕임은 '나 지금 듣고 있어'라는 신호이자 비언어적인 방식으로 상대와 의기투합하는 방법이기도 하다. 생각해보라. 대화할 때는 당신의 말에 전혀 반응을 보이지 않던 상대가 당신이 아무 말도 하지 않을 때 격하게 고개를 끄덕인다면 얼마나 이상하겠는가! 남의 이야기를 들을 때도 마찬가지다. 열린 마음으로 몸짓언어를 표현하고, 적절한 반응을 보이며 마음과 마음의 대화를 나누도록 해야 한다(몸짓언어에 대해서는 HABIT 1을 참고하길 바란다).

자, 그럼 상황을 가정해보자. 친구가 잔뜩 흥분한 목소리로 "좋은 소식이 있어. 나 승진했다!"라고 말했다면, 당신은 어떤 반응을 보이겠는가?

1. "너 살 빠진 거 아니야?"라고 대답한다면

이를 '수동 부정형' 대답이라고 한다. 이는 엉뚱할 뿐 아니라 상대방의 좋은 소식을 완전히 묵살하는 반응으로 상대의 말에 찬물을 끼얹는 것이나 마찬가지다.

2. "그럼 더 바빠지는 거 아니야? 다음엔 모임에 나올 시간도 없겠다"라고 대답한다면

이는 '능동 부정형'의 대답이다. 친구의 승진에 대해 능동적으로 질문을 던지고 있지만 부정적인 뉘앙스가 기저에 깔려 있다. 관심을 드러내긴 했어도 친구의 희열을 부정하는 반응이다.

3. "와, 대단하다. 축하해! 그런 의미에서 오늘 한턱 쏴!"라고 대답한다면

이는 '수동 긍정형'의 대답인데 썩 괜찮은 반응 아닌가? 상대의 기분에 호응하며 유머러스하기도 한, 꽤 적절한 반응이라고 할 수 있다. 그러나 실은 이보다 더 좋은 반응이 있다.

4. "축하해! 정말 기쁘겠다. 사장이 뭐라면서 알려준 거야? 듣고 나서 기분은 어땠어?"라고 대답한다면

이를 '능동 긍정형' 대답이라고 한다. 상대의 기분에 호응할 뿐만 아니라 능동적인 질문으로 상대에게 더 많은 이야기를 공유할 기회를 부여했기 때문이다. 친구가 당신에게 좋은 소식을 알린 이유는 분명 이에 대해 더 얘기하고 싶어서였을 텐데, 그에게 더 말할 기회를 줌으로써 대화를 더 오래 이어갈 수 있게 된 것이다. 이러한 반응이야말로 100점짜리다.

세상에는 과묵한 이도 있고, 한번 말을 시작하면 멈출 줄을 모르는 이도 있다. 그러나 사람은 누구나 마음속에 자신만의 이야기를 품고 있다. 그러니 다음에 친구와 대화를 나눌 때는 '능동 긍정형'의 대화법을 사용해 그들의 마음속 이야기를 끌어내보라.

먼저 상대의 기분을 인정해 자신의 말이 존중받고 있다는 느낌을 심어준 다음 능동적으로 질문을 던져 상대가 자신의 속 깊은 이야기를 할 수 있도록 기회를 제공하는 것이다. 상대가 자신의 마음을 어떻게 설명해야 할지 몰라 한다거나 마음을 나누는 일을 쑥스러워한다면 처음부터 못마땅한 눈초리로 바라볼 것이 아니라 그가 생각을 정리할 수 있도록 일의 원인과 결과를 짚어주고, 그의 감정 반응을 직시해야 한다. 이는 상대에 대한 존중을 드러내는 것일 뿐 아니라 상대를 한층 더 깊이 이해하는 데에도 큰 도움이 된다. 그러나 상대가 말꼬리를 흐리며 이유를 제대로 설명하지 못한다거나 부적절한 반응을 보인다면, 혹은 처음부터 이야기를 피하는 눈치라면 경각심을 높일 필요가 있다. 숨겨진 이야기가 그리 단순하지 않을 수 있기 때문이다.

말과 행동이 같은 사람 되기

이야기하는 법을 배우는 일은 어쩌면 이 책에서 가장 고난도의 과제일지도 모른다. 그러나 열심히 시도한다면 날로 기술이 몸에 익어 매력을 더해갈 수 있을 것이다. 이야기는 사람의 마음을 북돋우고, 생각을 변화시키며, 행동에 영향을 미치고, 꿈을 꾸게 한다. 이야기로 자신의 생각을 전할 줄 알게 된다면 분명 원만한 인간관계와 행운이 뒤따를 것이다.

　마지막으로 '말보다 행동이 중요하다(Actions Speak Louder than Words)'는 서양 격언을 충고로 건네고 싶다. 당신이 하는 이야기와 세상이 아는 당신도 당신이 하는 행동에 부합해야 한다. '말 따로, 행동 따로'임이 밝혀진다면 당신의 이야기가 가지고 있던 긍정적인 효과가 그 즉시 부정적인 효과로 변질될 것이다. 그러나 자신의 이야기를 행동으로 실천한다면 당신에 대한 사람들의 믿음은 더욱 깊어질 것이다.

　얼마 전 신주(新竹)로 강연을 갔다가 뜻밖의 인연을 만났다. 강연이 끝나고 나를 초청한 회사 대표와 대화를 나누다 우리가 초면이 아님을 알게 된 것이다. 그는 수년 전, 자신이 평사원이던 시절 나를 만난 적이 있다며 그때는 고속철도가 개통되기 전이라 강연이 끝난 후 자신의 차로 나를 타이베이까지 태워다주었다고 했다. 그러면서 당시 내가 몹시 피곤해 보였는데도 가는 길 내내 자신과 이야기를 나눠준 것에 무척이나 감동받았다고 했다. 워낙 오래전 일이기도 하고 그때 딱 한 번 본 게 다인지라 송구스럽게도 나는 이 사실을 까맣게 잊고 있었지만, 그래도 그가 나의 행동에서 소통을 중시하는 모습을 엿봤다니 당시 '윈윈하는 소통방식'을 주제로 이야기한 사람으로서 참 다행이라는 생각이 들었다. 그 덕분에 수년이 지나 다시 인연이 닿았으니, 이것이야말로 행운의 결과가 아니겠는가?

이야기를 잘하는 것도 중요하지만 '말과 행동이 같은 사람이 되는 것'이 더 중요한 이유는 바로 이 때문이다. 그럼 다음 편에서는 어떻게 하면 '언어'의 기술을 '행동'으로 발전시켜 행운의 인간관계망을 형성할 수 있을지 그 방법을 알아보자.

HABIT 8
이타적인 마음가짐으로 친구 사귀기

HOW TO GIVE AND RECIPROCATE

행운의 기회는 사람이 만들어내는 것이다. 누군가 당신과의 교류를 선택할 때 그것이 곧 기회가 되며, 교류하지 않기로 선택할 때 당신의 기회가 줄어들게 된다. 모든 사람이 교류하지 않는다면 사람들은 각자 자신의 눈앞에 놓인 자원만을 갖게 되지만, 많은 사람이 서로 협력하고 교류한다면 모두가 많은 자원을 공유할 수 있다. 그런 의미에서 상호 협력은 사회의 기틀이라고 할 수 있다. 이러한 기틀 위에서 더 운 좋은 사람으로 거듭나고 싶다면 어떻게 자신이 가진 자원을 공유할지 그 방법을 알아야 한다.

실리콘밸리의 비밀

미국의 '실리콘밸리'가 왜 실리콘밸리라고 불리는지 아는가? 그곳에서 규소(Silicon)가 생산되기 때문이 아니라 실리콘 웨이퍼와 컴퓨터 산업이 그곳에서부터 시작되었기 때문이다.

실리콘밸리가 혁신 기술의 메카로 떠오른 데에는 전자물리학자 윌리엄 쇼클리(William Shockley)의 역할도 있었다. 그는 MIT에서 박사학위를 받은 후 벨연구소(Bell Labs)의 두 동료와 함께 트랜지스터를 발명해 1956년 세 사람이 공동으로 노벨 물리학상을 수상했다. 이후 그는 캘리포니아주 마운틴뷰(Mountain View)에 자신의 이름을 딴 '쇼클리 반도체 연구소'를 세워 실리콘 웨이퍼를 전문적으로 연구·개발하기 시작했다. 마운틴뷰가 스탠퍼드대학교, 캘리포니아공과대학교와 멀지 않았기 때문에 위치상 인재를 구하기 쉬운 편이기도 했지만, 윌리엄 쇼클리는 확실히 인재를 알아볼 줄 알았다. 그런 까닭에 그 시대 물리학과와 전자공학과에서 이름깨나 날리던 학생들이 쇼클리 반도체 연구소로 모여들었다. 그리고 반세기 후, 이 옛 직원들은 윌리엄 쇼클리야말로 '실리콘'을 실리콘밸리에 들여온 진짜 주역이라고 입을 모았다.

그런데 이상하게도 실리콘밸리가 전설이 되는 동안 '실리콘밸리의 아버지'라고 할 수 있는 그는 사람들의 기억에서 잊혔고, 쇼클리 반도체 연구소의 옛터에는 청과시장이 들어섰다. 윌리엄 쇼클리가

79세를 일기로 세상을 떠났을 때 그의 곁을 지킨 사람은 그의 두 번째 부인뿐이었으며, 그의 자식들조차 부고를 통해 그의 죽음을 알았다고 한다. 반도체의 시조인 그가 이토록 암담하게 세상을 떠나다니, 대체 무슨 일이 있었던 걸까?

문제는 바로 윌리엄 쇼클리의 성격에 있었다. 그는 대단히 똑똑한 과학자였지만, 이기적이고 교활했다. 사실 트랜지스터는 벨연구소의 두 동료가 주로 개발한 것으로, 윌리엄 쇼클리의 실질적인 공은 그리 크지 않았다. 그러나 그는 설계를 약간 변형한 후 언론에 소식을 알려 자신이 주요 개발자인 것처럼 스포트라이트를 빼앗아 갔다. 그로부터 두 동료는 쇼클리와의 협력을 거부했고, 그 역시 사과하지 않았다. 게다가 윌리엄 쇼클리는 자신의 회사를 설립한 후에는 벨연구소의 직원들을 대거 빼돌리기도 했다.

물론 쇼클리 반도체 연구소에서 그는 자신이 얼마나 뛰어난 연구원인지를 거듭 증명해냈지만 결코 좋은 대표는 아니었다. 독단적이고 음흉한 구석이 있는 데다 사람을 농락하길 좋아하고 내분과 경쟁을 부추겼기 때문이다. 결국 몇몇 선임 엔지니어는 이에 반발해 단체로 회사를 떠났다. 분노한 윌리엄 쇼클리는 그들을 '8인의 배신자'라 칭하며 그들과 원수가 되었다. 한편 쇼클리 반도체 연구소를 나와 실리콘밸리를 완전히 떠나려 했던 엔지니어들은 이후 투자자 셔먼 페어차일드(Sherman Fairchild)를 만나 페어차일드 반도체를 설립했다. 이 회사는 놀라운 수익을 창출하며 1세대 반도체 거물이 되었다. 이후 '8인의 배신자'는 날개를 펴고 훨훨 날아올라 각각 65개의 다른 회사를 차렸는데, 이 중에는 오늘날 반도체업계의 공룡인 인텔도 포함되어 있다.

윌리엄 쇼클리는 자신의 직원들이 하나둘 떠나는 모습을 이 악물고 지켜볼 수밖에 없었다. 최고의 인재들을 망라해 전자 산업 발전의 급행열차를 마련했지만, 결국 자신은 그 열차에 올라타지 못한 채 플랫폼에 남게 된 것이다.

윌리엄 쇼클리의 이야기는 모든 창업가에게 경종을 울린다. 아무리 뛰어난 재능을 타고났어도 처신을 제대로 하지 못하면 자신의 운을 낭비하는 것과 같다는 일종의 반면교사랄까. 그에 반해 셔먼 페어차일드는 운이 좋았다. 사실 그는 반도체에 대해 잘 알지 못했고, 대학도 졸업하지 못했다. 하지만 그는 타고난 호기심과 모험심, 폭넓은 인간관계로 친구를 통해 간접적으로 알게 된 '8인의 배신자'에게 과감히 투자하기로 한 것이다. 그의 말대로라면 그가 당초 반도체 사업에 발을 들이게 된 이유는 단순히 엔지니어들의 열정이 대단하다고 생각해서였다. 그런데 그 선택으로 노다지를 캐게 된 것이다!

이처럼 행운은 사람을 대하는 방식과 절대적인 관계가 있다. 이제 어떻게 사람을 대해야 행운을 불러올 수 있는지 그 방법에 대해 알아보자.

당신은 어떤 사람인가?

본격적인 이야기에 앞서 게임을 해보자.

내가 당신에게 만 원을 주며 다른 한 명과 나눠 가져야 한다는 조건을 붙였다. 돈을 나눠야 하는 상대는 당신과 일면식도 없는 남으로 앞으로도 다시 만날 일이 없는 사람이다. 상대는 당신에게 만 원이 있다는 사실을 알고 있지만, 그에게 얼마를 나눠주느냐는 온전히 당신의 선택에 달렸다. 그는 당신이 제안한 액수를 받아들일 수도, 거절할 수도 있다. 그가 제안을 수락한다면 거래가 성사되지만, 거절한다면 두 사람 모두 돈을 가질 수 없게 된다.

자, 당신은 상대에게 얼마를 나눠주겠는가? 먼저 답을 생각해보고 이야기를 이어가도록 하자.

최후통첩 게임

이는 일명 '최후통첩 게임(Ultimatum Game)'으로, 행동경제학 이론을 실험하기 위해 학자가 고안해낸 게임이다.

상식적으로라면 돈을 나누는 사람(판매자)은 자신에게 최대의 이익을 남겨야 하고, 돈을 받는 사람(구매자)은 상대가 얼마를 제안하든 이를 수락해야 맞다. 거절하면 한 푼도 얻을 수 없으니 말이다. 그러나 실제 실험 결과는 전통 경제학에 기반한 추측과 달랐다.

판매자의 3/4가 상대에게 평균 40~50%의 금액을 제안했고, 상대는 이를 받아들인 것이다. 다만 판매자가 터무니없이 낮은 금액을 제안한 경우, 예컨대 판매자가 80%를 갖고 구매자에게 20%를 나눠주려 한 경우에는 대부분의 구매자가 제안을 거절했다. 한 푼도 받지 못할지언정 그렇게 불공평한 대우를 받을 수는 없다는 뜻이었다.

전 세계 각국에서 '최후통첩 게임'을 진행했는데 실험 결과는 모두 엇비슷했다. 학자들이 인도네시아에서 100달러를 걸고 실험을 했을 때는 70:30의 분배 비율도 구매자에게 거절을 당하기 일쑤였다. 당시 인도네시아에서 30달러면 일반 노동자의 2주치 임금에 해당하는 금액이었는데도 말이다.

이 같은 결과는 무엇을 의미할까? 인간은 돈보다도 공평한 대우를 중시한다는 사실을 말해준다.

이후 학자들은 두 번째 실험을 진행했다.

이번에는 12달러를 나눠주겠다는 '판매자 A'와 10달러를 나눠주겠다는 '판매자 B' 중 누구와 거래를 할지 선택할 기회가 구매자에게 주어졌다. 구매자는 두 판매자와 모두 교류가 있는 관계로 지난번 거래 때 판매자 A는 자신의 잇속을 차린 반면 판매자 B는 비교적 공평한 대우를 해주었다. 이런 경우 당신이 구매자라면 어느 쪽을 선택하겠는가?

상식적으로라면 사람들은 더 많은 돈을 주겠다는 판매자 A를 선택할 것이다. 그러나 실험 결과 80%의 사람들이 판매자 B를 선택했다. 다시 말해서 대다수의 사람은 자신의 이익이 조금 줄어들지 언정 판매자 A와는 거래하지 않겠다는 뜻을 밝힘으로써 이기적인 그에게 '간접적인 벌'을 준 셈이다.

인간관계 최고의 원칙은 공평

'상대가 내게 호의를 보이면 나도 그에게 호의를 베푸는 것'이 예의이고, '상대가 내게 불이익을 줬다면 또 그만큼 갚아주는 게' 인지상정이다. 인간이 사회를 이룰 수 있었던 이유는 전부 이러한 모종의 규칙이 있었기 때문인데, 심지어 한 연구에 따르면 '보답'과 '보복', '상부상조' 의식이 인간의 타고난 본능일 수 있다고 한다.

따라서 인간관계에서 '공평'은 최고의 원칙이라고 할 수 있다. 배은망덕하고, 이기적이며, 인색한 사람은 한때야 잘 지낼 수 있겠지만 분명 피곤한 삶을 살게 될 것이다. 그들의 성공은 호감이 아닌 질투를 부를 테고, 그들의 실패에 사람들은 도움의 손길을 내밀기는 커녕 외면으로 일관할 테니 말이다. 물론 계산적이고 교활한 사람도 성공을 거머쥘 수 있다. 심지어 어떤 이는 많은 권리를 틀어쥐고 자신의 행복한 인생을 위해 다른 이의 행복을 소비할 것이다. 당신이 이런 사람의 '운'을 본받고자 한다면 미안하지만 나는 당신을 도와줄 수 없다. 나의 굳은 믿음이자 이 책의 핵심은 바로 다음과 같기 때문이다.

행운의 기회는 흔히 다른 사람에게서 비롯된다.

누군가가 당신과의 교류를 선택할 때 기회가 생기며,

교류하지 않기를 선택할 때 기회는 사라진다.

모든 사람이 교류하지 않는다면

각자 자신의 눈앞에 놓인 자원만을 갖게 되지만,

서로 협력하고 교류한다면 모두가 많은 자원을 공유할 수 있다.

이것이 바로 호혜(互惠)의 개념이다. 다시 말해 내가 논하고자 하는 이야기는 유한한 자원에서 최대의 파이를 얻을 수 방법이 아니라 어떻게 하면 무한하게 연결된 관계 속에서 더 큰 파이를 만들어낼 수 있는지에 대한 것이다.

호혜보다더효과적인처세법

미국의 조직심리학자 애덤 그랜트(Adam Grant)는 자신의 저서 《기브 앤 테이크(Give and Take)》에서 인간을 세 가지 유형으로 분류했다.

첫 번째는 테이커(Takers)다. 이들은 자신의 이익을 항상 최우선에 두며 남과 나누는 것을 싫어한다. 한마디로 전형적인 '유아독존', '너 죽고 나 살자'는 식의 태도를 가졌다고 할 수 있다. 어떤 사회이

든 이러한 유형이 존재하지만 다행히 소수에 불과하다.

두 번째는 기버(Givers)다. 이들은 테이커와 반대로 언제나 자신보다는 남들을 위하며 기꺼이 자신을 희생할 줄 안다. 다른 사람을 도와줄 때도 '이 행동이 내게 어떤 이익을 가져다줄까?'가 아니라 '내게 불리한 일도 아닌데 안 할 이유가 없잖아?'라고 생각한다. 그런 까닭에 기버는 자신이 불편을 감수하더라도 남을 이롭게 할 수 있다면 기꺼이 도움을 주려 한다. 이러한 유형도 소수에 불과하다.

세 번째는 매처(Matchers)다. 이들은 '네가 내게 잘해주면 나도 네게 잘해주겠지만, 네가 나를 무시하면 나도 너를 가만두지 않겠다'는 단순한 마음가짐을 가지고 있다. 거의 대부분의 사람이 바로 이 유형에 속하는데, 매처는 조금 이기적이기는 해도 그 정도가 지나치지 않으며 공평함을 중시한다.

애덤 그랜트는 이 세 가지 유형의 인간을 분석해 직위나 수입, 사회적 지위 등을 막론하고 테이커가 매처보다 우위에 있다는 사실을 발견했다. 자신을 위해 더 많은 권리를 쟁취하는 테이커의 특성 때문이었다. 한편 말로가 가장 비참한 쪽은 기버였다. 그들은 자신을 희생해 남 좋은 일을 할 뿐만 아니라 쉬이 속임수에 넘어갔다. 그러나 가장 큰 발전을 이루고, 최고의 성공과 최고의 부를 축적한 사람들 역시 기버가 대부분이었다. 한마디로 기버는 운이 좋거나 나쁘거나 둘 중 하나로 M자형의 양극화된 운명 곡선을 나타낸 것이다. 이 같은 현상을 어떻게 해석해야 할까?

사실 기버는 초반에 조금 손해를 볼 수는 있지만 갈수록 상황이 좋아진다. 그들이 다져놓은 인간관계가 차츰 보답으로 돌아오기 때문이다. 벨기에의 한 의과대학을 대상으로 진행한 연구 결과를 예로 들어보자. 연구 결과에 따르면 해당 의과대학에서 성적이 최하위권인 학생은 보통 기버였다. 그러나 1학년 때만 그랬을 뿐, 2학년이 되면서부터 기버는 동급생들을 따라잡기 시작해 매년 성적이 향상되는 모습을 보여주었다. 그렇게 졸업할 때가 되어서는 동급생들의 성적을 월등히 앞서는 기버가 많았다. 이유는 간단했다. 의과대학의 특성상 초반에는 '공부'에 많은 시간을 할애해야 하는데, 기버는 친구들을 돕느라 성적이 뒤처질 수밖에 없었던 것이다. 그러나 학년이 올라갈수록 학과 과정이 '협력'에 방점을 두게 되면서 인간관계가 더욱 중요한 요소로 부상하게 되었고, 이때 기버의 원만한 인간관계가 그들의 절대적인 강점으로 작용하게 된 것이다. 특히 병원 실습 기간에는 더더욱 말이다.

문제는 기버의 운명이 아주 좋거나 아주 나쁘다는 점인데, 과연 어떻게 해야 '무골호인(無骨好人)'으로 전락하지 않고 기버의 장점은 극대화하되 '부작용'은 줄일 수 있을까?

이 질문에 대한 답은 우리가 어떻게 '자원'을 대하느냐에 달려 있다.

자원에 대한 새로운 해석

자원이 부족하면 인간은 당연히 이기적이 될 수밖에 없다. 그러나 자원이 풍족하면 원숭이도 이를 나누고, 이기적인 동족을 벌할 줄 안다. 원숭이도 할 수 있는 일을 인간이 왜 못하겠는가!

자원 중에는 무한한 듯 보이지만 실제로는 유한한 것들이 있다. 예컨대 다음과 같은 것들이다.

- **물자**: 남에게 더 준 만큼 자신이 적게 소유하게 되며, 희소성이 있는 것일수록 혹은 생활에 꼭 필요한 자원일수록 가치가 상승한다.
- **신용**: 개인의 신용과 평판은 장시간에 걸쳐 축적되는 만큼 함부로 보증을 서거나 배서를 남발해서는 안 된다. 한번 무너진 신용은 회복하기가 어렵기 때문에 상당히 유한한 자원이라고 할 수 있다.
- **시간**: 모든 이에게 주어지는 하루는 24시간뿐이다. 바꿔 말하면 하루에 할 수 있는 일의 양이 정해져 있는 셈이기 때문에 현대인들에게는 어떻게 시간을 쓸 것인지가 관건이다. 흔히 시간을 공짜라고 오해하지만, 실은 가장 가치 있는 사회적 자원이 바로 시간이다.
- **체력**: 아무리 에너지 넘치는 사람도 언젠가는 지치게 마련이다. 정신력과 집중력도 체력의 일종이므로 일정 시간 일을 하거나 공부를 한 후에는 반드시 휴식을 취해야 한다. 체력에는 한계가 있기 때문이다. 이는 놀 때나 자신이 좋아하는 일을 할 때도 마찬가지

다. 따라서 체력은 세심한 안배가 필요한 유한한 자원이다.

상대적으로 유한한 듯 보이지만 쉽게 재생이 가능할 뿐만 아니라 서로 간의 연계와 협력을 통해 배로 증가시킬 자원도 있다. 우리는 이러한 자원을 '무한자원'이라고 부르는데, 예를 들면 다음과 같은 것들이다.

- **인맥**: 당신의 지인이 곧 당신의 자산이다. 지인 중 두 사람을 소개해준다고 해서 당신의 인맥이 줄어드는 것은 아니다. 이 두 사람의 연결로 더 많은 사람을 알게 되어 오히려 인맥을 넓힐 수 있다.
- **지식**: 지식은 특허나 영업 기밀처럼 매우 높은 가치를 가질 수 있으며, 쓴다고 없어지는 게 아니라 오히려 쓸수록 는다. 따라서 지식은 매우 가치가 있지만 무한한 자원이다.
- **아이디어**: 좋은 아이디어도 매우 값어치가 있지만 그렇다고 유한하다는 뜻은 아니다. 아이디어는 끊임없이 나올 수 있으며, 이것이 널리 활용될 때 더 많은 아이디어를 파생시킬 수 있다. 그러므로 이 또한 무한한 자원이라고 할 수 있다.
- **호감**: 조금 추상적이기는 하지만 호감은 심리적 원동력이 되어 행동을 촉진할 뿐만 아니라 감화력까지 가지고 있다. 한 사람에 대한 호감이 단체에 대한 호감으로 이어지기도 하며, 집단의 행동력을 높이기도 한다. 이는 사회에서 절대적으로 필요한 자원이자 누구

나 만들어낼 수 있는 자원이다.

유한한 자원을 대할 때는 매처가 되어 '공평'을 원칙으로 삼고,
무한한 자원을 대할 때는 기버가 되어 '이타(利他)'를 원칙으로 삼는다.
자신이 베푼 만큼의 보답을 바랄 필요도 없다.
어쨌든 무한한 자원은 차고 넘칠 테니 말이다!

이렇게 자원을 대할 수 있다면 자신이 어떻게 행동해야 할지에 대한 판단도 분명해진다. 요즘 사람들의 문제는 이와 반대로 행동하고 있다는 점이다. 즉, 대다수의 사람이 시간과 에너지를 무한자원으로 여기며 남들과 이를 나누다 정작 자신을 위한 시간은 내지 못한다는 것이다. 또한 아이디어와 인맥을 자신만의 보물로 여기며 남들과 공유하길 꺼려해 이를 충분히 활용할 기회를 마련하지 못하고 있기도 하다.

예전에는 자원에 대한 이러한 가치관을 성립할 수 있는 사회가 아니었다. 그러나 정보혁명 이후 '신경제'가 부상한 만큼 자원의 관계에 대해 다시 생각해볼 필요가 있다. 과거 인맥은 확실히 유한한 자원이었다. 모든 사람에게 주어지는 시간은 정해져 있는 데다 정보 유통이 이뤄지지 않아 사람을 사귀기가 쉽지 않았기 때문이다. 그러나 지금은 SNS의 등장으로 사람과 사람 사이를 연결하고, 서로 연락을 주고받는 일이 쉬워진 대신 상대의 신뢰를 얻기가 어려워졌

다. 그런 까닭에 '개인의 신용'이 유독 값진 자원이 된 것이다.

아이디어와 지식은 확실히 예전에도 높은 가치를 가진 자원이었다. 하지만 지금은 관련 자원을 손쉽게 얻을 수 있을 뿐 아니라 무한 복제까지 가능해지면서 그 가치가 한층 더 높아졌다. 음악 산업이 바로 그 전형적인 예다. 사람들이 더 이상 CD를 구매하지 않게 되면서 음악 산업 종사자들은 전통적인 방식으로 이익을 취할 수 없게 되었다. 그래서 요즘 음악인들은 무료로 음원을 배포하더라도 더 많은 사람이 자신의 음악을 들어주길 바란다. 자신의 음악을 듣고 이를 맘에 들어 한 사람들이 비싼 푯값을 지불하고서라도 자신의 라이브 공연장을 찾아주길 희망하는 것이다. 음악인의 아이디어가 무한 공급되었어도 '시간'과 '체력'은 복제할 수 없기에 라이브 공연의 프리미엄이 높아진다.

물론 내 말의 요지는 지적재산을 전부 무료로 제공해야 한다는 것이 아니라 그 가치를 다시 생각해봐야 한다는 것이다. 당신이 오늘 어떤 제품을 발명해 특허를 신청했다면 당신의 아이디어 자체에는 값을 매길 수 없을지도 모른다. 그러나 당신이 그 아이디어를 위해 시간을 들여 연구하고 실험하고 개발한 데에는 절대적인 가치가 있으며, 이를 위해 마땅한 이익을 쟁취해야 맞다. 그런 의미에서 '사용자 유료 결제' 시스템은 상당히 합리적이라고 할 수 있다. 그렇다고 가격을 너무 높게 책정하면 사용자가 줄어들어 자신의 발전을 제한하게 될 테지만 말이다.

아이디어·지식·인맥·호감을 주고 시간과 관심과 지지를 얻는 것, 이것이 바로 '신경제'의 새로운 게임의 법칙이다. 오픈소스 소프트웨어의 개발자들은 대중에게 가장 귀중한 아이디어를 제공하고 대량의 골수팬을 얻어 업계의 동향을 좌지우지하기도 한다. 페이스북은 인맥과 인맥을 형성할 수 있는 도구를 제공하고 사용자의 귀중한 시간과 집중력을 얻어 가장 효과적인 광고 플랫폼으로 거듭났다.

따라서 우리는 자신이 가진 한정된 자원을 신중하고 공평하게 대해야 한다. 너무 욕심을 부려서도 또 자신을 너무 피곤하게 몰아붙여서도 안 된다. 한편 무한한 자원은 더 많은 사람과 나눠 남을 이롭게 하는 데 사용해야 한다. 이를테면 친한 친구들을 서로 소개해준다든지, 전문적인 의견이나 아이디어를 제공하는 등 돈은 들지 않지만 상대에게 큰 도움을 주는 방법으로 말이다.

상대가 "고마워서 어쩌죠?"라고 말한다면 "뭘요!" 하고 쿨하게 대답해보자.

돈도 벌고 사회에 보탬도 돼야지!

그러면 그들은 당장 보답하지 않더라도 이를 마음속에 새겨두었다가 언젠가 뜻밖의 도움을 줄지도 모른다. 보답을 바라지 않고 항상 순수한 마음으로 다른 사람을 돕는다면 단언컨대 꿈속에서도 당신을 칭찬하는 사람이 생길 것이다.

내게 결정적인 도움을 준 세 명의 똑똑한 기버

내가 타이완으로 돌아와 일한 지 벌써 13년인데, 그동안 참 많은 귀인의 도움을 받았다. 그중 내게 큰 도움을 주기도 했지만 무엇보다 기버로서의 모범이 될 만한 처세를 보여준 세 사람을 소개할까 한다. 참고로 소개 순서는 내가 그들을 알게 된 시기순이다.

첫 번째 귀인은 왕즈핑(王治平) 선생님이다. 지금은 인기 가수 조안나 왕(王若琳, Joanna Wang, 아시아의 노라 존스라고 불리는 타이완의 대표 싱어송라이터)의 아버지로 더 유명하지만, 사실 그는 음악계에서 유명한 베테랑 프로듀서였다. 당초 그를 알게 된 건 한 인디음악 제작건 때문이었다. 내가 편곡한 음악을 들은 그가 당시 비좁고 누추했던 나의 개인 작업실까지 일부러 찾아와준 것이다. 그는 내게 많은 조언을 건넸고, 이후 고궁박물관에서 처음으로 제작하는 애니메이션 영화의 삽입곡을 작곡하는 일을 포함해 큰 프로젝트 여러

건을 소개해주었다. 그 덕분에 나는 귀중한 경험과 수입을 얻을 수 있었다. 왕 선생님은 요즘 말로 어른이 같은 사람으로 신예 음악인을 발굴해 함께 작업을 하고, 이들을 음반업계의 선배들에게 소개해주는 것이 낙이었다. 음악 작업 중 특정 악기 연주자나 가수가 필요할 때도 그에게 전화 한 통만 하면 문제가 해결되었다. 그가 곧바로 적임자를 찾아주었기 때문이다. 왕 선생님이 남을 이롭게 하는 방식은 바로 자신의 의견과 인맥을 제공하고 신인에게 기회를 만들어주는 것이었다. 그는 매년 자신의 생일에 각계의 친구들을 초대했는데 이때 그 대단한 인맥을 엿볼 수 있었다. 일반인과 슈퍼스타, 젊은이와 원로 구분 없이 거리감이라고는 찾아볼 수 없을 정도로 모두와 두루 친밀한 모습이었기 때문이다.

나와 타오저(陶喆, 중화권을 대표하는 톱 뮤지션)의 인연도 왕 선생님의 소개로 시작되었다. 어느 해인가 생일파티에서 왕 선생님이 내게 타오저를 소개해준 것이다. 이를 계기로 나는 타오저와 좋은 친구가 되었고 그의 투어 콘서트에 게스트로 참여하기도 했다. 말이 나와서 얘기지만 타오저가 LA에 있을 때 그의 음악적 재능을 눈여겨보고 음반 발매의 기회를 준 이도 왕 선생님이었다. 그래서 타오저는 왕 선생님이 자신의 콘서트를 보러 올 때마다 밴드의 연주를 잠시 멈추고 왕 선생님에게 스포트라이트를 비춰 모든 관객 앞에서 감사 인사를 전하곤 한다. 언젠가 내게도 그런 기회가 주어진다면 나도 꼭 그렇게 할 생각이다.

참 재미있는 건 애초에 왕 선생님과 작업할 수 있었던 이유가 한 친구의 간접적인 소개 때문이었다는 사실이다. 사실 그 친구는 예전에 일적으로 나의 뒤통수를 친 적이 있어 평소 테이커로 간주하며 멀리하던 친구였다. 그런데 몇 년 후, 그 친구의 소개로 왕 선생님과 연이 닿았으니, 이것이야말로 '행운'의 아이러니가 아닌가 싶다.

두 번째 귀인은 아베다(Aveda) 타이완의 설립자 주핑(朱平) 선생님이다. 그는 내가 인생의 갈림길에서 한창 방황할 때 나타나 내게 커피를 사주며 내 이야기에 귀를 기울여주었다. 그러고는 내게 이렇게 말했다.

"돈도 벌고 사회에 보탬도 될 방법을 찾는 데 집중해야 할 것 같군."

그는 내게 내가 가진 배경과 재능을 잘 활용해 젊은이들의 본보기가 되어보라고 조언하며 확고하지만 친근한 말투로 연신 나를 격려해주었다.

"자네는 특별해. 자네만이 가지고 있는 기회를 잊지 말라고!"

주핑 선생님은 언제나 넘치는 열정과 긍정의 에너지로 젊은이들에게 조언을 아끼지 않는다. 그는 성공한 기업가이자 내가 만난 사람 중 최고의 '인맥왕'이기도 하다. 그의 친구는 정재계 인물뿐만 아니라 예술가와 IT업계의 샛별에 이르기까지 분야와 연령에 구분이 없다. 모임이 있을 때마다 사람들 사이를 바쁘게 오가며(그의 은백색 머리가 특히나 눈에 띈다) 이 친구 저 친구를 소개해주기 바쁜 그를 볼 수 있는데, 그가 소개해주는 사람들은 하나같이 매력적이라 금세 서로 친구가 된다. SNS가 타이완 사회를 바꿔놓기 시작할 때 즈음에는 '더 레드 룸(The Red Room)'이라는 이름의 정기 모임을 만들기도 했다. 미국의 시인들이 찾던 커피숍의 '오픈 마이크'를 본 따 만든 이 모임에서는 원하는 이는 누구든 무대에 올라 노래를 부르거나 시 낭송을 하거나 이야기를 나누는 등 형식과 내용의 제약 없이 자신의 무대를 꾸밀 수 있다. 다만 한 가지 그가 내건 조건은 다른 사람에게도 똑같이 집중해서 경청할 기회를 주어야 한다는 것이었다. 그는 말했다.

"사람들은 더 이상 서로의 말을 들으려 하지 않아. 그러니 우리라도 경청의 가치를 되찾아야지!"

그렇게 한 달에 한 번 열린 이래로 중단된 적 없는 이 모임은 어느새 글로벌한 교류의 장이 되었다. 모임이 있을 때마다 참가자들은 소액의 입장료를 지불하고, 각자 음료와 간식 그리고 개인 컵을 챙겨오며, 모임이 끝난 후에는 다 함께 설거지하고 모임 장소를 청소한다. 물론 성공한 사업가인 주핑 선생님에게 이 정도 모임을 후원하는 건 일도 아닐 것이다. 그러나 나는 그가 이런 모임을 만든 것이야말로 현명한 선택이라고 생각한다. 그 덕분에 참여자들이 이 자리를 더욱 존중하게 되었을 뿐만 아니라 모임에 애착을 가져 모임을 지속하는 힘이 되고 있기 때문이다.

주핑 선생님은 스스로 '비즈니스 메이커(Business Maker), 데이 메이커(Day Maker), 리플 메이커(Ripple Maker)'라 자부한다. 사업가인 동시에 사람들의 하루가 더욱 즐겁길 바라며, 긍정의 물결을 일으키는 사람이라는 뜻인데, 확실히 그는 '행운의 연결고리'로서 훌륭한 본보기임에 틀림이 없다.

세 번째 귀인은 타이베이 인 그룹(Taipei Inn Group)의 회장인 다이장지(戴彰紀) 선생님이다. 사실 나는 그를 아저씨라고 부른다. 그의 자녀가 나와 동년배여서 그들과 먼저 알고 지내다 후에 회장님을 알게 됐기 때문이다. 내가 결혼하고 아이를 낳은 후 한동안 일과 가정에 대한 스트레스로 생기를 잃어가던 때가 있었다. 그런데 어느 날 한 모임에서 아저씨가 내게 '산행'을 제안했고 그렇게 우리는 함께 산행에 나섰다. 산속 암자를 찾아가는 그런 가벼운 산행이 아니라 MTB(산악자전거) 산행이었다. 평생 운동이라고는 제대로 해본 적 없이 책벌레로 살았던 나는 그의 격려에 힘입어 운동을 시작하게 되었고, 이를 계기로 새로운 나로 거듭날 수 있었다. 이후 나는 아저씨와 함께 철인 3종 경기에 참가해 완주할 정도로 20대 때보다 더 좋은 몸을 가진 40대가 되었다. 꾸준히 운동한 덕분에 정신건강이 좋아진 것은 물론이다. 일할 때도 활력이 넘쳤고, 잔병쯤은 약을 먹지 않고도 이겨낼 수 있게 되었으며, 꽤 오랫동안 나를 괴롭혀온 '계절성 우울증'도 극복할 수 있었다.

사실 아저씨가 내게 MTB 산행을 제안했을 때는 아저씨도 MTB

를 접한 지 얼마 되지 않았을 때였다. 하지만 아저씨는 만나는 사람마다 '운동 복음'을 전파했다. 나눔에 대한 넘치는 열정으로 좋은 건 모두와 함께 경험하고 싶어 하고, 남들이 기뻐하는 모습을 보며 자신은 더욱 기뻐하는 그런 성격이었기 때문이다. MTB 산행을 시작하고 초반엔가 가쁜 숨을 몰아쉬며 정신을 못 차리던 내게 아저씨가 말했다.

"거봐, 아침 일찍 나와서 신선한 공기와 온 산의 피톤치드를 마시니 얼마나 좋으냐!"

사실 아저씨를 노려보고 싶은 마음이 생기고도 남을 상황이었지만 나는 그러지 않았다. 마치 모든 일을 예상한 듯 처음부터 세심하게 마음을 써준 탓에 내 안의 'Maybe'는 이미 'Yes'로 바뀌어 있었기 때문이다.

먼저 아저씨는 내게 국가대표급 MTB 실력자를 소개해주고, 그와 나란히 자전거를 타며 내가 필요할 땐 언제든 기술적 지도를 받을 수 있도록 배려해주었다. 이 '선생님'은 자전거를 판매했는데 나의 첫 자전거 역시 그가 주문 제작해 조립한 것이었다. 나는 코치가 생기고 '선생님'은 새로운 고객이 생겼으니, 그야말로 윈윈이 아닐 수 없었다.

이뿐만 아니라 연습 초기엔 매번 우리 집으로 나를 데리러 왔다. 비가 오나 눈이 오나 바람이 부나 한결같이 정성을 쏟는 그에게 나는 달리 거절할 핑계를 찾을 수 없었다.

마지막으로 아저씨는 내게 라이딩복을 선물해주었다. 형광색 줄무늬에 전신에 그렇게 딱 달라붙고, 엉덩이에는 패드까지 있는 옷은 난생처음이었다. 좋은 라이딩복은 한 벌 가격도 꽤 나가기 때문에 나 혼자 옷을 사러 갔다면 분명 선뜻 구매하지 못했을 것이다. 당시 아저씨는 자신의 SUV에 올라탄 내게 옷이 든 쇼핑백을 건네며 이렇게 말했다.

"이제 정말 꾸준히 타야 해!"

그 덕분에 나는 모든 거부감과 핑곗거리를 없애고 단번에 라이딩에 빠질 수 있었다. 이 책을 준비하면서 아저씨에게 스스로 운이 좋은 사람이라고 생각하느냐는 질문을 한 적이 있다. 그러자 그는 조금의 주저함도 없이 말했다.

"내가 바로 행운이 존재한다는 가장 좋은 증거지!"

그러면서 자신에게 가장 큰 행운은 부모님께 이해심과 너그러움을 물려받은 것이라고 덧붙였다. 그래서인지 어려서부터 사람을 좋아하고 사소한 일에 구애받지 않는 성격이었다면서 말이다. 실제로 그는 이러한 성격을 바탕으로 인맥과 신용을 쌓아 좋은 기회와 귀인을 만났고 커리어의 정점을 경신해나갔다. 나는 그를 통해 진정한 '이타심'을 보았다.

"어려서부터 좋은 환경에서 자라지 못한 사람도 이타적인 사람이 될 수 있을까요?"라는 나의 물음에 그는 진지하게 생각하더니 이렇게 답했다.

"그럼. 나도 그런 사례를 알고 있는걸. 물론 변하고자 하는 의지가 가장 중요하겠지만 말이야."

관련 심리학 연구 결과에 따르면 사람이 변하는 데에는 개인의 의지 외에도 도구와 지식 그리고 같은 관심사를 가진 사람들의 지지가 필요하다고 한다. 의지를 제외한 세 가지 핵심은 공교롭게도 아저씨가 나를 데리고 MTB 산행을 시작했을 때 선물해준 세 가지였다. 상황에 걸맞은 소개는 상대의 귀중한 시간을 절약할 수 있게 해주고, 전문 지식 제공은 직접적으로 문제를 해결해주는 것보다 더 큰 도움이 되며, 그를 향한 믿음의 말은 돈을 빌려주는 것보다 더 쓸모가 있다.

똑똑한 기버가 되려면 얼마나 많은 것을 주었느냐가 아니라
얼마나 필요한 것을 주었느냐가 중요하다.

Try this 20

'똑똑한 기버'로 거듭날 수 있는 원칙에 유의해 SNS에서 다음 세 가지를 통 크게 나눠보자.

♣ **호감:** 친구의 SNS 피드에서 울상을 짓는 이모티콘이나 힘듦이 드러나는 메시지를 보았다면, 그냥 '좋아요'만 누를 게 아니라 자

신감을 북돋는 댓글이나 다이렉트 메시지를 남겨보자. 당신이 생각하는 그들의 장점을 알려주고 '넌 할 수 있어!'라고 말해주는 것이다.

- ♣ **인맥:** 두 친구를 서로 소개해주거나 친구에게 기회를 소개해주자. 일자리를 찾고 있는 친구에게 관련 업계 종사자를 찾아준다든지 알고 지내면 서로 도움 될 것 같은 사람들을 소개해주는 것도 좋은 방법이다.
- ♣ **지식:** 자신의 전공이나 특기를 살려 누군가의 문제에 답하거나 상대에게 도움이 될 아이디어를 제공해보자. 당신에게는 그저 과거에 배웠던 지식이나 경험을 활용해 의견을 내는 것일 뿐이겠지만, 다른 사람들은 당신이 제공한 지식 덕분에 귀중한 시간을 절약할 수 있을 것이다.

이렇게 하루에 하나씩 사흘간 혹은 하루에 한꺼번에 개인의 자원인 '호감', '인맥', '지식'을 선물해보자.

HABIT 9

SNS를 통해
약한 연결 유지하기

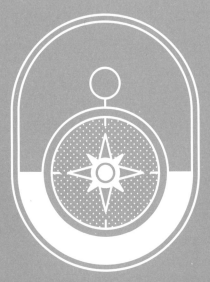

LUCK IS IN
YOUR
NETWORK

일로 보나 개인의 성장과 창작 영감 그리고 인간관계로 보나 우리에게 가장 큰 행운과 성과를 안겨주는 관계는 대부분 어떤 모임이나 사람들과의 교류에서 비롯된다. 그러나 사람을 사귀는 일에는 운전할 때와 마찬가지로 상처를 입을 수 있다는 위험부담이 늘 존재한다. 사람을 사귀고 관계를 형성하는 일이 매우 중요하긴 하지만 완급 조절이 필요한 이유는 바로 이 때문이다. 올바른 마음가짐과 방법이라는 2박자가 맞아야 자신이 보유한 인맥이 행운의 자산이 될 수 있다.

인맥을 행운의 자산으로 만드는 비밀

요즘 나는 사람들에게 이런 말을 자주 듣는다.

"저는 낯을 많이 가리는 성격이라 당신처럼 외향적이었으면 좋겠어요!"

외향적이라고? 내가? 그렇게 생각했다면 그건 오해다!

그동안 해왔던 모든 심리테스트의 결과도 그랬지만 사실 나는 내향적인 사람이기 때문이다.

사교 모임에서의 행동이 자연스러워 보인다고 해서 그 사람이 반드시 외향적인 성격을 타고난 것은 아니다. 마찬가지로 내향적인 사람이라고 해서 전부 병풍처럼 행동하지는 않는다. 알고 보면 나처럼 사교 모임을 즐기는 성격은 아니지만 연습을 통해 자연스럽게 사람들과 어울리는 방법을 배운 '내향적 노력파'도 많다.

중·고등학교 시절 나는 사람 사귀는 데 서툰 책벌레였다. 대학교에 진학해서도 사교에 서툰 건 마찬가지였다. 파티에 참석해야 한다는 사실에 너무 긴장한 나머지 속이 다 메스꺼울 때도 있었다. 하지만 그렇다고 줄곧 자신의 작은 울타리 안에서만 머물 수는 없었기에 나는 사교와 소통에 관한 책들을 섭렵하는 한편 사교성이 좋은 친구들을 관찰해 그들의 말투와 태도를 모방하기 시작했다.

그렇게 먼 길을 돌아 온갖 '기술'을 시도해본 끝에 내가 깨달은 사실은 그래도 '나다움'이 가장 중요하다는 것이었다. 당연한 말을 뭘 이렇게 공들여 하나 싶겠지만 사실 나다워지는 데에도 연습이 필요한 사람들이 있다. 천성적으로 자신감이 충만하거나 남들 눈을 크게 신경 쓰지 않는 사람들이야 아무렇지 않게 있는 그대로의 자신을 드러내겠지만, 비교적 예민하고 남들의 시선을 의식하며 쉽게 타인에게 영향을 받는 사람들의 경우 여러 사람과 다양한 상황을 겪으며 경험을 쌓아야만 자연스러움을 갖출 수 있다.

내가 개인적인 깨달음을 공유하는 이유는 스스로 사교에 능하지 못하다고 여기는 이들을 응원하기 위해서다. 내향적인 사람도 얼마든지 풍부한 내면세계를 유지하며 활발한 사교 활동으로 넓은 인맥을 구축할 수 있다. 어쩌면 나처럼 외향적인 사람으로 오해받을지도 모를 일이다.

물론 그렇다고 불나방이 될 필요는 없다. 어떤 이들은 매일 같이 모임을 찾아다니며 사람을 만나려고 노력하는데 무턱대고 자신을 몰아붙여봤자 상처받고, 배신당하고, 사람들의 입방아에 오르내리게 될 뿐이다. 사교 모임을 많이 갖는다고 더 운이 좋아지지는 않는다는 뜻이다. 왜일까?

앞서 말했듯 일로 보나 개인의 성장과 창작 영감 그리고 인간관계로 보나 우리에게 가장 큰 행운과 성과를 안겨주는 관계는 대부분 어떤 모임이나 사람들과의 교류에서 비롯되기 때문이었다. 여기서 어떤 모임이란 어떤 사람들의 모임을 말하는 걸까?

가족이나 친척? 절친? 동문? 정재계 인사? 낯선 사람?

답은 모두 다이다! 가장 큰 행운을 불러올 수 있는 모임은 절친한 사람과 얕은 친분의 사람, 그리고 생면부지의 낯선 사람이 모두 모인 모임이라는 얘기다. 이때 지인과 절친한 친구의 수는 적을수록 더 좋다. 참 희한한 현상이지만《낯선 사람 효과(Superconnect)》라는 책의 분석에 따르면 상당히 합리적이라고 볼 수 있다.

《낯선 사람 효과》의 공저자 리처드 코치(Richard Koch)는 창업가이자 기업 고문으로, 베스트셀러《80/20 법칙(The 80/20 Principle)》을 전 세계에 선보인 바 있다. 그는 벤처투자가이자 언론인인 그렉 록우드(Greg Lockwood,《낯선 사람 효과》의 공저자)와 함께 수많은 연구 결과를 종합해 다음과 같이 놀라운 결과를 도출해냈다.

우리가 판을 깨고 새로운 기회를 찾으려 할 때
친구보다 얕은 관계가 더 도움이 되는 경우가 많다.

'관계'를 중시하는 동양인들에게 이는 말도 안 되는 얘기로 느껴질지도 모른다. 특히 '꽌시(關係, 관계)'라는 단어가 하나의 문화로 자리 잡은 중국인에게는 더더욱 그럴 것이다. '친구가 많으면 길 가기가 쉽다(朋友多了路好走)'는 말이 있을 정도인데, 관계가 전부가 아니라니!

물론 행운의 기회가 관계에서 비롯되는 것은 맞다. 그러나 액운도 관계에서 비롯된다. 특히 이익교환을 기반으로 서로가 연결된 경우에는 사람이 없으면 기회도 사라지는 게 보통이다. 한편 관계가 개인의 명예와 관련이 되면 면밀한 인간관계망은 사실 많은 약점이 된다. 하나의 연결고리가 끊어지면 배 한 척을 전복시킬 수도 있기 때문이다.

사교는 꼭 필요하지만 여행이나 운전처럼 위험부담이 따르며, 관계 형성 역시 매우 중요하지만 해당 관계망의 가치를 분명히 인식해야 한다. 그럼 다음 그림을 보며 설명을 이어가자.

Level 1

정중앙의 하트는 바로 당신의 식구, 반려자 그리고 자녀다. 혈연관계에 상관없이 무조건적인 도움을 주고, 애정을 쏟으며, 당신의 삶과 밀접하게 연관된 사람을 우리는 '가족'이라 통칭한다.

Level 2

절친한 친구나 가장 가까운 회사 동료 또는 혈연관계는 아니지만, 형제자매라고 할 만한 사람들이다. 언제든 이들을 찾아가 속마음을 털어놓을 수 있고, 이들이 도움을 필요로 할 때는 능력이 닿는 데까지 도움을 준다. 이렇게 서로 마음을 터놓을 수 있는 친구는 그리 많지 않은데, 10명 정도면 충분하다.

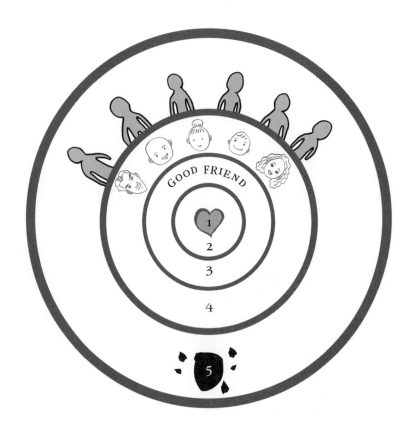

Level 3

    이들은 별명을 부를 정도로 서로를 잘 아는 친구들이다. 어디서 만나든 이들과는 반갑게 인사를 나누며 이들의 결혼식에는 반드시 참가한다. 이런 친구는 일반적으로 10여 명에서 수십 명 정도이며 '좋은 친구'에 속한다.

Level 4

'알고는 지내지만 그다지 친하지 않은' 친구들로 영어로는 'Acquaintances'라고 한다. 밖에서 만나면 인사는 건네겠지만 꼭 멈춰 서서 길게 이야기를 나눌 정도는 아니다. 이들의 이름을 알고, 이들과의 관계를 정의할 수 있으며 또 가끔은 전화를 걸어 안부를 묻기도 하지만 약속 없이 무작정 이들의 집에 찾아가지는 않는다. 연구 결과에 따르면 이런 친구는 최대 150명 정도인 것으로 나타났는데, 이는 새로운 친구 1명을 사귈 때마다 옛 친구 1명이 권외로 밀려날 수 있음을 뜻한다.

Level 5

가장 바깥 부분은 안면이 있는 정도의 얕은 관계의 사람들이다. 길에서 만나면 눈짓이나 고갯짓을 하며 미소를 보내는 정도로 용건이 없으면 서로를 찾지 않는다. 일적으로 관계가 있는 경우를 제외하면 명절이나 기념일이 되어도 상대에게 카드나 선물을 보내지 않는다. 이렇게 얕은 관계에는 한때 알고 지낸 사이였으나, 오랜 시간 연락을 하지 않아 관계가 소원해진 친구들도 포함된다. 이 범주에 속하는 사람은 너무도 많아서 수백에서 수천 명에 이르기도 한다.

친밀한 사이에서 낯선 사람에 이르기까지 다섯 단계로 나뉜 이 인간관계도에서 명단은 언제든 변할 수 있다. 얕은 관계의 친구가 어느 날 좋은 친구가 되기도 하고, 좋은 친구가 다툼으로 말미암아 그냥 남이 되기도 한다. 유동성만 높은 게 아니라 사람에 따라 행동 양식도 달라진다. 예를 들어 어떤 이들은 친구를 가족처럼 대할지언정 가족을 친구로 여기지는 않으며, 어떤 이들은 친한 친구들을 끔찍이 아끼면서도 일은 꼭 남하고만 하기도 한다. 실은 별로 친하지 않은데 모임에서 당신을 '친한 친구'라 소개하는 사람도 있을 수 있다. 그런 까닭에 이 다섯 단계의 범위는 단순히 행동으로만 정의하긴 어렵다. 그러나 모든 사람의 마음속에는 확실히 나름의 선이 존재하며 Level 4 '알고는 지내지만 별로 친하지 않은' 친구의 경우에는 최대가 150명이다. 왜일까?

인류학자 로빈 던바(Robin Dunbar)에 따르면 영장류의 경우 두뇌가 클수록 집단이 커진다고 한다. 집단의 구성원들과 관계를 유지하고, 그 관계를 기억하며, 협력하는 데에는 모두 지능과 기억력이 필요하기에 집단의 크기도 최대 지능에 따라 자연스레 달라질 수밖에 없는 것이다. 이에 로빈 던바는 각 영장류의 두뇌 크기(Neocortex Size)와 집단 크기(Social Group Size)의 비율에 근거해 인류가 기본적으로 사회적 관계를 맺을 수 있는 최대 인원을 150명이라 추산했다. 이후 그는 세계 각지의 21개 원시부족을 연구했고, 그 결과 각 부족의 평균 인구가 148.4명이라는 사실을 발견했다. 이는 그의 가설과 완전히 부합하는 수치였다!

한편 절친한 친구와 좋은 친구에도 상한선이 있고 그 인원은 더욱 적다. 친분이란 시간을 들여 쌓아가는 것으로 모든 사람과 끈끈한 우정을 다지기란 현실적으로 불가능한 일이기 때문이다. 인터넷이 아무리 발달해도 인간은 결국 서로 얼굴을 봐야 정이 든다. 상대와 함께한 시간이 충분히 길고 농밀할수록 깊은 감정과 신뢰가 쌓인다는 뜻이다. 일반적으로 좋은 친구의 수가 12명 정도인 이유는 우리에게 더 많은 사람과 깊은 감정 쌓을 시간이 없기 때문일지도 모른다.

그런 의미에서 오랜 친구와 연락이 끊어져 안타까운 마음이 드는 상황이 와도 너무 자책할 필요는 없다. 우리의 인간관계망이 포화 상태가 되면 퇴색되는 우정이 있을 수밖에 없으니 말이다. 이는 우리의 지능과 시간적 한계 때문에 생기는 문제이지, 결코 당신이 의리 없는 사람이라서가 아니다.

그렇다면 관계 유지에 한계가 있다는 사실을 안 지금, 우리는 어떻게 자신의 인간관계망을 활용해 더 많은 행운의 기회를 만들어낼 수 있을까?

'약한 연결'을 소중히 하라

사람들은 자신과 상대가 얼마나 잘 아는 사이인지, 얼마나 밀접한 상호작용을 하는지에 따라 관계가 정의된다고 생각한다. 그래서 Level 1~3까지를 가장 좋은 관계라 여긴다. 한편 어떤 이들은 '호감', '신뢰도' 혹은 '이해관계'로 친분을 정의하기도 한다. 그런 까닭에 선물하고, 밥을 먹고, 상대와 함께하며, 상대의 문제를 해결해주는 등 많은 시간을 할애해 친분을 쌓으려 한다. 물론 이는 우리 사회에 깊이 뿌리를 내리고 있는 사교방식이지만 우리가 잊지 말아야할 사실이 있다. 바로 관계에는 정보 교류라는 또 다른 중요한 특징이 있다는 것이다.

스탠퍼드대학교의 사회학 교수 마크 그라노베터(Mark Granovetter)는 각 업종의 종사자들을 연구해 대다수의 사람이 관계를 통해 일자리를 찾았다는 사실을 발견했다. 이 중에는 친구의 추천으로 일자리를 찾은 사람과 다른 사람에게서 기회가 있다는 정보를 듣고 구직에 성공한 이도 있었다. 그런데 흥미로운 점은 친한 친구를 통해 일자리를 찾은 사람이 전체의 1/6밖에 되지 않는다는 사실이었다. 나머지는 모두 별로 안 친한 친구를 통해 기회를 얻었고, 그중 25% 이상이 평소 이렇다 할 교류가 거의 없는 '그냥 아는 사람'을 통해 일자리를 찾은 것이었다. 상식적으로라면 우리를 도우려는 마음으로 보나, 능력으로 보나 친한 친구들의 도움을 받은 비율이 더 높아야 맞지 않겠는가? 이에 대해 마크 그라노베터는 이렇게 설명했다.

"그냥 아는 정도의 사람들은 우리와 다른 인맥을 가지고 있기 때문에 우리가 모르는 구직 정보를 가지고 있을 수 있습니다. 따라서 새로운 일자리를 찾는 가장 좋은 방법은 나와는 다른 세계에 있는

지인을 통해 우연히 얻은 기회를 활용하는 것이지요."

이렇듯 사람들은 상호 간의 신뢰와 협력 그리고 친구 간의 '소개'에서 '관계'의 장점이 비롯된다고 생각하지만, 사실 관계의 장점은 보통 '정보의 교류'에서 비롯된다. 자주 얼굴을 보고, 밀접하게 교류하며, 항상 관심을 쏟는 친구들을 우리는 '강한 연결'이라고 부른다. 이런 관계는 깊은 감정만큼 세심한 관리가 필요하다. 한편 어쩌다 한번 얼굴을 보고, 만나서도 가벼운 이야기만 나누는 친구들을 '약한 연결'이라고 한다. 오늘 당신이 상대의 굳은 믿음과 무조건적인 지지가 필요한 일을 한다면 약한 연결의 사람들보다는 강한 연결의 사람들이 당신을 돕겠다고 나설 것이다. 그러나 당신에게 필요한 게 자문과 의견이라면 약한 연결의 사람들이 강한 연결의 사람들만큼 혹은 그 이상으로 도움이 될 것이다. 그들은 당신과 다른 생활 반경을 가진 사람들이기에 새로운 지식이나 신선한 의견을 제공해줄 수 있기 때문이다.

예를 들면 친구가 좋은 기회를 알려준 덕분에 이상적인 일자리를 구하거나 적시에 투자할 수도 있고, 옆에서 대화를 듣다가 새로운 동향과 비즈니스 기회를 포착할 수도 있다. 또한 누군가가 별 뜻 없이 던진 말에 갑자기 영감이 떠오를지도 모를 일이다.

HABIT 6에서 언급했던 앤디 힐데브란트의 이야기를 생각해보라. 한때 엑슨 모빌에서 지질탐사 방법을 연구했던 그는 저녁 모임에서 친구의 부인이 농담조로 던진 말이 아니었다면 음악의 역사에 한

획을 그은 오토튠이라는 소프트웨어를 만들어내지 못했을 것이다.

주변 친구들과 이야기를 나누다 보면 절친한 친구들이나 평생의 반려자를 얕은 관계 혹은 정말 그냥 얼굴만 아는 사람을 통해 알게 된 경우도 적지 않다. 내 친구 중 닉이 바로 그런 경우다. 닉은 미국에서 나고 자라 당시 타이완행을 준비하고 있었다. 그는 음반가게의 사장을 찾아가 "타이완은 어디가 놀기 좋아요?"라고 물었다. 폴과 친하지는 않았지만 그가 자주 타이완을 오간다는 사실은 알고 있었기 때문이다. 이에 폴은 얼마 전에 알게 된 나를 떠올리고는 닉에게 나의 전화번호를 적어주며 이렇게 말했다고 한다.

"이 녀석을 찾아가!"

그 후 어느 날 나의 자동응답기에 이런 메시지가 남겨져 있었다.

"안녕하세요. 그쪽은 저를 모르시겠지만 저는 샌프란시스코에 사는 폴의 친구입니다. 제가 방금 타이완에 도착했는데, 시간 괜찮으시면 잠깐 만나뵐 수 있을까 해서요."

현재 닉은 나의 절친 중 하나로, 그의 결혼식에는 내가 들러리를 맡기도 했다. 이렇게 우리는 10여 년째 서로의 인생에 깊은 영향을 주고받고 있지만 당시를 생각하면 우리는 생활권이나 직업이 전혀 달라 서로 알고 지낼 확률이 거의 제로에 가까웠다. 우리 두 사람 모두 폴을 지인으로 두지 않았다면 말이다. 샌프란시스코에서 나의 전화번호를 적어준 그가 있었기에 우리의 우정은 시작되었다. 이것이 바로 인연 아니겠는가!

네트워크상에 콩을 뿌려라

'정보', '기회', '인연'을 각각의 콩알이라고 상상해보자. 이들을 인간관계도에 흩뿌린다면 어떤 콩은 정중앙에 떨어질 것이고, 또 어떤 콩은 바깥 원에 떨어질 것이다. 중심 원에 속한 절친한 친구들은 당신과 우정이 두터운 만큼 자발적으로 콩을 나누려 할 테지만, 그렇다고 바깥 원의 친구들과 교류하지 않으면 여러 소중한 기회를 놓치게 될지도 모른다. 그곳에 콩이 있는지조차 알 수 없을 테니 말이다. 물론 친한 친구들과 깊은 신뢰를 다지고 감정을 쌓는 일은 매우 중요하다. 그것이 즐거운 인생을 사는 요건 중 하나임에 틀림이 없기 때문이다. 그러나 이와 동시에 바깥 원에 속하는 '약한 연결'의 사람들, 특히 자신과 생활권이 다른 사람들과도 연락을 유지할 필요가 있다. 우리가 일반적인 사교 범위 안에서 얻을 수 없는 소중한 정보와 영감, 인맥을 그들이 가져다줄지도 모를 일이니 말이다.

그렇다면 시간과 지능에 한계가 있는 상황에서 어떻게 하면 그 많은 '약한 연결'들과 관계를 유지할 수 있을까?

감사하게도 우리에게는 'SNS'라는 도구가 있다.

페이스북, 트위터, 인스타그램 등의 플랫폼을 통해 우리는 새로운 친구를 사귈 수 있고, 간접적으로 그들의 친구는 물론 그 친구의 친구까지 알 수 있다. 이미 대규모 실험을 통해서도 '6단계 분리법칙(Six Degrees of Separation)'이 입증되었지만, 지금은 인터넷을 통해 좀 더 쉽게 더 많은 사람과의 연결이 가능해졌고 심지어 지구 반대편에 사는 남과도 관계를 형성할 수 있게 되었다.

예전에 내가 진행한 행운 관련 설문조사에서도 대다수의 사람이 SNS를 사용한다고 응답했다. 1인당 평균 랜선 친구는 300명으로 '지능의 한계'라는 150명을 훌쩍 웃돌았다. 이는 사람들이 그냥 아는 사이라고 여기는 랜선 친구 중 대다수는 어느 날 길에서 우연히 마주쳐도 서로를 알아보지 못할 정도로 전혀 모르는 사람들이라는 뜻이다. 이는 그만큼 우리의 주의가 필요하다는 뜻이기도 하다. 예전에야 곁에 있는 친구들과 사진을 공유하는 게 고작이었지만, 지금은 모르는 사람들도 쉽게 나의 일상을 들여다볼 수 있게 되었기 때문이다. 따라서 우리는 게시물을 올리는 일에 더욱 신중을 기해 남들에게 보여주고 싶지 않은 게시물은 아예 업로드하지 말아야 한다. 어떤 이들은 인터넷상에서 함부로 남을 비방하고 유언비어를 퍼뜨리기도 한다. 그러나 이러한 정보는 굴비처럼 엮여 있기 때문에 그 유포자를 찾는 일도 쉽다는 사실을 기억해야 한다. 한마디로 부정적이고 무가치한 정보는 절대 공유하지 말아야 한다는 뜻이다.

그렇다면 공유할 만한 가치가 있는 정보란 무엇일까? '관계'는 자원의 교환을 바탕으로 존재한다는 사실을 기억하면 그 답을 찾기가 쉽다. 상호 신뢰와 상호 협력, 그리고 상호 이익은 모두 원만한 관계의 기반으로, 이러한 것들은 주로 가장 절친한 친구들을 위해 남겨 둬야 한다. 그러나 그냥 아는 사이인 친구들에게서 유용한 정보와 인맥과 기회를 얻을 수 있다면, 이 자원들을 공유해 더 많은 사람과 동시에 우호적인 약한 연결을 형성할 수 있다. 당신이 공유한 정보를 남들이 유용하다고 생각하고, 남들이 공유한 정보가 당신 마음에 들면 이 관계는 쉽게 유지될 수 있다.

실제로 내가 '유용하고', '재미있는' 정보나 '긍정적인 효과를 지닌' 정보만 공유하겠다는 나름의 원칙을 세운 후 나의 페이스북 페이지의 '좋아요' 수는 몇 개월 안에 배로 늘어났다. 일 평균 하나의 게시물을 올리고 광고는 전혀 하지 않지만 매주 조회 수는 백만을 돌파했고, 참여율과 공유율도 날로 높아지고 있다. 그러나 나 정도는 그리 대단한 것도 아니다. 얼마 전 알게 된 젊은 친구들은 '언박싱', '맛집 평가', '메이크업 비법' 공유에서부터 매일 재치 넘치는 카툰을 올리는 등의 방법으로 불과 1년도 채 되지 않아 백만 팔로워를 돌파하고 거의 매일 업체의 광고 러브콜을 받고 있다. '가치 있는' 정보 공유로 자신의 몸값을 높인 것이다.

이는 전에 없는 기회다! 친구를 사귈 수 있을 뿐만 아니라 보통 사람도 미디어의 영향력을 발휘할 수 있다. 게다가 특별한 재능이나 취미를 가지고 있고, 또 이와 관련한 정보를 적극적으로 공유한다면 더 쉽게 뜻이 맞는 친구를 모을 수 있다. 사람이 많아져 교류가 활발해지면 관련 분야의 '마스터'가 될 기회가 생기고 나아가 전 세계인이 당신을 찾게 될 것이다. 이때 당신이 보유한 넓은 인맥은 행운의 자산이 된다.

이것이 바로 '정보를 무한자원으로 전환해 자원 공유로 무한한 관계를 만드는' 이론이다.

약하고도 강한 연결

앞서 언급했듯 강한 연결의 장점은 신뢰와 애정에 있고, 약한 연결의 장점은 신선하고 폭넓은 정보에 있다. 그런데 이 두 가지의 장점을 겸비해 '상당한 행운의 잠재력'을 가졌다고 할 연결관계가 있다. 우리 모두가 가지고 있지만 특별히 이를 관리하는 사람은 극히 소수에 불과한 '약하고도 강한 연결'이다.

275

이러한 연결관계에 속한 사람들은 바로 오랫동안 연락을 하지 않은 옛 친구들이다. 고등학교 동창이나, 어린 시절 함께 자란 이웃, 이직한 지 오래인 동료나 예전의 고객, 심지어 오래전에 헤어진 옛 연인도 여기에 포함될 수 있다. 이들은 한때 밀접한 관계를 유지하며 함께 좋은 일과 나쁜 일을 겪었고, 바보 같지만 낭만적이기도 했던 시절을 보냈으나 각자 다른 길을 걷게 되면서 조금씩 연락이 뜸해졌다는 특징이 있다. 그러나 가끔 그들의 이름이 떠오르기도 하고, 심지어 꿈에 나타나기도 한다. 당시 안 좋았던 기억들은 이미 잊어버린 지 오래며 즐거웠던 순간들만이 따뜻한 추억으로 남아 있다. 그래서 매번 연락해볼까 생각하다가도 무슨 말을 꺼내야 할지 몰라 그저 묵묵히 마음속에만 묻어두는 것이 보통이다.

그들과 아직 연락이 닿는다면 한번 연락해볼 것을 추천한다.
연락이 끊긴 옛 친구들은 모두 다시 한번 우리 인생의
귀인이 될 가능성을 가지고 있기 때문이다.

인간관계도로 볼 때 그들은 한때 Level 2나 Level 3에 속했을 가능성이 크다. 당시에는 서로의 세계가 겹쳐 상호 교류가 빈번했으나 조금씩 관계가 소원해지면서 Level 3에서 Level 4로 밀려나고, 결국 자신도 모르는 사이에 Level 5의 인파 속으로 사라지게 된 것이다. 사실 서로의 사교 범위가 달라지고 다른 인생 경험을 하게 되

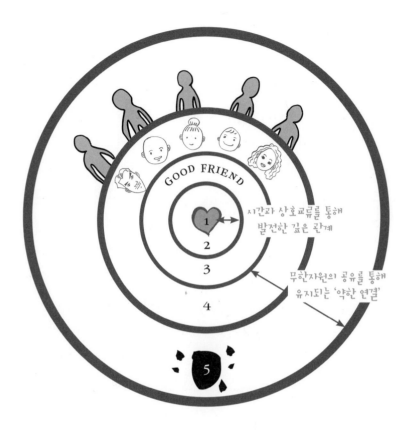

면서부터 그들은 우리에게 다른 세계의 사람이 되는 것이나 마찬가지다. 아마 정말로 그들과 다시 만날 기회가 생긴다면 "넌 여전하구나!"라는 인사치레를 하겠지만, 적잖이 달라진 그들의 모습을 발견하게 될 것이다.

나도 예전에 메신저를 통해 운 좋게도 오랫동안 만나지 못한 옛 친구들을 찾은 적이 있다. 그중 일부와는 인사말을 주고받았고, 또 일부와는 10여 분간 대화를 이어가기도 했다. 이를 계기로 다시 연락을 시작한 친구들도 있었고, 따로 약속을 잡아 만난 친구들도 있었다. 사실 옛 친구와의 만남은 꽤나 긴장되는 일이다. 내가 얼마나 잘살고 있는지 자랑하고 싶은 마음과 그에게 속마음을 모두 다 터놓고 싶은 마음이 혼재하기 때문이다. 특히 한때 동고동락했던 사이라면 좋은 일, 나쁜 일 할 것 없이 서로를 속속들이 알았던 그때의 그 느낌을 되찾고 싶다는 생각이 굴뚝같아진다.

그런데 내가 경험한 바에 따르면 과거 친분이 두터웠을 경우 불과 몇 분 만에 마치 과거로 돌아간 듯한 느낌을 받을 수 있었다. 인사치레 몇 마디를 하고 나면 누군가 어김없이 재미있었던 추억이나 어느 친구의 근황 이야기를 꺼내 어느샌가 어색함은 사라지고 자연스럽게 즐거운 대화가 이어졌기 때문이다. 그리고 항상 이런 말이 나왔다.

"정말 신기하다! 이렇게 오랜만에 만났는데도 일단 이야기를 하기 시작하니까 꼭 그때가 어제 일 같네!"

이는 특별한 경우가 아니라 그야말로 정석이다. 옛 친구들이 만나 지난 이야기를 시작하면 열에 아홉은 금세 다시 절친했던 그 시절로 돌아간다. 느낌은 어떤 세부 사항보다도 세월이라는 시련을 잘 이겨내기 때문이다. 기억이 소환되면 느낌은 되살아난다. 다시 상대와 근황을 나눌 때도 경쟁하려는 마음이 아니라 진심으로 관심을 갖고 궁금해하는 마음을 가지면 거의 모든 대화에서 많은 것을 얻을 수 있다. 각기 다른 경험에서 얻은 깨달음과 서로 다른 시각에서 바라본 견해는 언제나 우리에게 배움이 되고 또 거울이 된다. 또한 최근 자신이 한창 바쁘게 하고 있는 일을 이야기하면 상대가 도움 될 만한 의견을 제시해줄 수 있고, 자신 또한 옛 친구들에게 유용한 정보를 제공할 수 있다.

아무리 낯선 사람도 자주 만나 이야기를 나누다 보면 서로 간의 거리를 좁힐 수 있다고 하는데 옛 친구 사이라면 더더욱 말할 것도 없다. 깊이가 있으면서도 신선함이 가득한 교류가 가능해지는 것이다.

공자는 "멀리서 친구가 찾아오니 이 또한 즐겁지 아니한가(有朋自遠方來, 不亦樂乎)?"라는 말을 했는데, 나는 지금 이 말을 확실하게 실감하고 있다. 그런 까닭에 멀리서 친구가 찾아오면 어떻게 해서든 그들과 만나보려고 한다. 이러한 만남에 그만한 가치가 있다고 믿기 때문이다. 여태껏 실망스러운 적은 단 한 번도 없었고 말이다.

당신에게도 연락해보고는 싶은데 뜬금없이 연락하기 뭐한 옛 친구가 있다면 그 물꼬를 트는 방법으로 다음 세 가지를 추천한다.

1. 명절이나 기념일 또는 생일 등에 축하 카드를 보내보자

이메일을 보내도 좋지만 좀 더 온기를 전하고 싶다면 손으로 직접 카드를 쓰는 것이 가장 좋다. 요즘은 예전처럼 크리스마스카드나 연하장을 주고받는 일이 뜸해졌지만, 그런 까닭에 당신이 보낸 카드는 더욱 빛을 발할 것이다. 게다가 카드는 편지와 달리 말을 길게 쓸 필요도 없어 더 간단하다는 장점도 있다.

2. 상대가 가진 전문 지식이나 특기를 활용해 의견을 구해보자

10년 넘게 못 본 친구에게 이런 메시지를 받은 적이 있다.

'안녕! 오랜만이다! 디제잉 실력이 대단했던 걸로 기억하는데 지금도 라이브 셋(Live Set)을 하는지 모르겠다. 관련해서 물어보고 싶은 게 있거든······.'

당시 나는 갑작스럽다는 생각보다는 오히려 그 친구가 나의 특기를 기억해줬다는 기쁨에 곧장 그 친구에게 전화를 걸어 이야기를 나누었다. 마찬가지로 당신 또한 옛 친구의 전공이나 취미 등을 활용해 상대에게 가르침을 구할 수 있다. 기본적인 예의만 잘 지킨다면 대부분의 옛 친구는 당신의 질문에 기꺼이 소중한 의견을 제시해줄 것이며 이를 계기로 다시 연락을 이어갈 수 있을 것이다.

3. 문득 옛 친구가 떠오른다면 그에게 바로 연락해보자

순수하게 안부를 묻는 데에는 그 어떤 이유도 필요치 않다. 나 같은 경우엔 어느 날 책장을 정리하다 옛 친구가 선물해준 소설책을 발견하고는 스마트폰으로 그 책의 사진을 찍어 친구에게 보냈다. '오늘 보니 문득 네 생각이 났어. 잘 지내지?'라는 짧은 메시지와 함께 말이다. 이에 친구도 간단하지만 다정함이 느껴지는 이모티콘으로 답을 보내왔다. 그리고 며칠 후 그 친구에게서 전화가 왔다.

"내가 마침 타이완으로 출장 갈 일이 생겼는데, 너 아직 타이완에 있니?"

가볍게 건넨 인사라도 추억이 담겨 있다면 깊은 관심으로 연결된다(하지만 옛 연인에게 이런 안부 인사를 할 때는 신중해야 한다).

Try this 21

위의 세 가지 방법으로 사흘간 하루에 한 명씩 오랫동안 연락을 하지 않았던 옛 친구에게 안부 인사를 전해보자. 답이 없다고 해도 실망할 필요는 없다. 그들 스스로 아직 마음의 준비가 되지 않았을 수 있기 때문이다. 그러니 서두르지 말고 시간을 갖자. 상대에게 답이 왔다면 그들과 커피 한잔할 약속을 잡아봐도 좋다. 비교나 자랑은 넣어두고 아무 목적 없이 그저 순수하게 옛이야기를 나누며 회포를 푸는 것이다.

♣　♣　♣

어쩌면 이를 통해 의외의 행운을 얻게 될 수도 있다. 상대에게 "어쩜 이런 우연이! 나도 오늘 아침에 갑자기 네 생각이 나더라고. 그런데 이렇게 너한테 연락이 왔네!"라는 말을 듣게 될지도 모를 일이다.

이러한 현상을 뭐라 설명할 길은 없지만 내게도 이런 일이 여러 번 있었다. 행운의 시작이라고밖에 할 수 없는 그런 일들이 말이다!

작은 변화 = 큰 행운!

SMALL
CHANGES
=
BIG
LUCK!

이 책의 완독을 축하한다! 이제 당신도 나처럼 스스로 행운을 만들 수 있다는 믿음이 생겼길 바라며 마지막으로 간단히 정리해볼까 한다.

❶ 인생이 항상 순조로울 수는 없다. 소위 행운아들이 전화위복에 성공할 수 있었던 이유는 긍정적인 태도와 문제를 해결하려는 능력, 믿음 그리고 행동이 뒷받침되었기 때문이다.

❷ 세상은 어지럽고 잡다한 정보가 넘쳐나지만 동시에 기회도 가득하다. 현재에 충실하되 명확하고 실행 가능한 목표를 세워 폭넓게 지식을 흡수할 때 행운은 '번쩍' 하고 당신을 찾아올 것이다.

❸ 행운의 기회는 사람으로부터 비롯되므로 관계에 신경을 써야 한다. '자원'에 대한 재정의로 유한한 자원을 공평하게 나누고, 무한한 자원을 아낌없이 공유한다면 당신의 인간관계는 행운의 네트

워크가 될 수 있다. 이때 '이야기'을 통해 자신의 꿈을 소문낸다면 귀인의 도움을 받는 기회가 배로 늘어날 것이다.

나는 이 세 가지 기본 개념만 확실히 파악하고 실행한다면 행운의 기회를 대폭 늘릴 수 있다고 믿어 의심치 않는다. 이미 여러 연구와 실험 결과를 통해 입증된 사실이기도 하지만, 다양한 성공 사례를 읽고 주변의 행운아들을 인터뷰하며 이러한 원리를 거듭 깨달았기 때문이다.

지금 생각해보면 내 삶에 찾아왔던 여러 행운도 무의식중에 이런 행운의 개념들을 활용한 덕분이 아닌가 싶다. 물론 지금도 여전히 내겐 개선해야 할 점이 많지만(특히 '주파수 조정' 부분) 그래도 흥미로운 점은 이러한 훈련을 시작한 때부터 내 삶에 '우연한' 행운들이 속속 나타나기 시작했다는 사실이다. 이 책을 구상하고 출판하기까지의 과정에서도 시시각각 행운의 동력의 도움을 받았다.

내가 만든 연습법을 내가 효과적이라고 말해봐야 자화자찬하는 격이라 출판사에 직업과 연령대가 다른 사람들 10여 명을 모집해 달라고 부탁했다. 그들을 대상으로 30일간 예비 연구(Pilot Study)를 진행하기 위해서였다. 정기적으로 그들의 상황을 추적한 결과 한 달간 대다수의 사람이 변화를 느낀 것으로 나타났다. 인간관계가 개선되었다고 느낀 사람도 있었고, 스스로 운이 더 좋아진 것 같다고 느낀 사람도 많았다. 그래서 나는 감히 이렇게 말하고 싶다.

이미 자신을 행운아라고 생각하는 사람도
이 책의 개념을 확실히 파악하고 실행한다면
더 큰 행운을 얻을 수 있다.

최소한 이 책에 담긴 조언들이 더욱 긍정적인 마음가짐을 갖고, 업무 효율을 높이며, 더 조화로운 인간관계를 형성하는 데 도움을 줄 테니 이 또한 일종의 행운이라고 할 수 있지 않겠는가?

어떻게 해야 연습 효과를 극대화할 수 있느냐를 묻는다면 1985년에 개봉한 영화 〈베스트 키드(The Karate Kid)〉 이야기를 하고 싶다.

이 영화의 주인공인 미국인 소년 다니엘은 모친이 직장을 옮기는 바람에 살던 곳을 떠나 새로운 도시로 이사를 간다. 그러나 소년은 새로 전학 간 학교에서 친구들의 괴롭힘에 시달리고, 그러던 중 우연히 알게 된 가라테의 대가 미야기 선생에게 자신의 스승이 되어달라고 부탁한다. 미야기는 다니엘의 청을 받아들이며 이렇게 말한다.

"좋아. 그 대신 내 방법을 따르는 거다!"

이에 다니엘은 그러겠노라 대답한다. 그러나 가라테를 가르쳐주겠다던 미야기는 스펀지와 걸레를 주며 말한다.

"우선 차를 전부 깨끗하게 세차하고 왁스칠까지 마치도록 해. 오른손으로는 왁스를 칠하고, 왼손으로는 광을 내는 거야. 오케이?"

다니엘은 이해되지 않았지만 시키는 대로 열심히 세차했다. 그러자 그다음에는 다시 솔을 쥐어주며 마당의 울타리를 칠하라는 것이었다. 미야기는 가라테를 가르쳐주기는커녕 이렇게 하루 또 하루 일만 시켰고 결국 참다못한 다니엘은 불만을 터뜨린다. 그런데 미야기가 갑자기 그에게 주먹을 휘두르는 게 아닌가! 이때 다니엘은 왁스칠을 하던 동작으로 미야기의 주먹을 밀어낸다. 미야기가 또다시 주먹을 날리자 신기하게도 이번에는 페인트칠할 때의 손동작으로 이를 막아낸다. 그제야 다니엘은 미야기가 시킨 모든 일이 실은 훈련이었다는 사실을 깨닫는다. 자동반사적으로 동작이 튀어나올 때까지 한 동작을 끊임없이 반복하는 것, 이것이야말로 최선의 연습 방법이었던 거다.

나의 행운 연습 방법은 바로 이 〈베스트 키드〉를 생각하며 고안해 낸 것이다. 하나씩 뜯어보면 별 재미는 없을 수 있지만 복잡하지 않아서 많은 시간이 필요하지도 않은, 그래서 꾸준히 하다 보면 어느 날 갑자기 효과를 볼 그런 방법들로 구성했다. 그러니 연습 방법 중 한 번에 한두 개를 골라 일정 기간 꾸준히 연습해 이들을 생활 습관으로 만들어보길 바란다. 별다른 생각을 거치지 않아도 자연스레 몸에 밴 습관이 될 때 최대의 효과가 발휘될 테니 말이다.

또한 연습 과정에서 자신에게 특히 잘 맞는 연습은 무엇이었는지, 또 안 맞는 연습은 무엇이었는지에 주의를 기울이며 수시로 자기 자신과 대화를 나눠보길 바란다. 때로는 가장 거부감이 들었던 연습이 우리에게 가장 취약했던 부분일 수도 있기 때문이다. 물론 일상생활의 작은 변화가 어떤 행운을 가져다줄 수 있는지를 살피고,

자신의 노하우를 아낌없이 나눠 삶을 더 풍성하게 만드는 것도 중요하다.

　모든 사람이 과학적인 방법으로 자신과 자신의 삶을 살피며 '작은 변화'를 실천할 수 있다면 자연스레 더 좋은 인연과 기회가 늘어나 우리 사회도 더 좋은 방향으로 나아갈 수 있을 것이다. 모쪼록 이 책이 당신에게 긍정의 에너지를 불어넣어주고 나아가 이 사회에 작은 보탬이 될 수 있기를 바라며, 이 책과 인연이 닿은 모두에게 행운을 빈다. Good Luck!

류쉬안

돈과 운을 끌어당기는

좋은 심리습관

개정1판 1쇄 인쇄 2025년 2월 04일
개정1판 1쇄 발행 2025년 2월 10일

지은이 | 류쉬안
옮긴이 | 원녕경
펴낸이 | 최윤하
펴낸곳 | 정민미디어
주 소 | (151-834) 서울시 관악구 행운동 1666-45, 3층
전 화 | 02-888-0991
팩 스 | 02-871-0995
이메일 | pceo@daum.net
홈페이지 | www.hyuneum.com
편 집 | 미토스
표지디자인 | 강희연
본문디자인 | 디자인 [연:우]

ISBN 979-11-91669-86-2 (03320)